s t u d i u m

Wirtschaftsdeutsch

Gerlinde Butzphal

Colin Riordan

Hodder & Stoughton

LONDON SYDNEY AUCKLAND TORONTO

ACKNOWLEDGEMENTS

The authors are very grateful to Jörg Tiedemann, formerly Lektor at the University College of Swansea, who worked on this course when it was first taught at Swansea, and who contributed original ideas to chapter 3 (*Steuern*), and to the *Branchen* section of chapter 2.

The Publishers would like to thank the following for permission to reproduce material in this volume: Axel Springer Verlag AG; J P Bachmann Verlag GmbH; Bank-Verlag GmbH; H Bauer Verlag for their advertisement; Peter Bensch for his cartoon; Martin Brinkmann AG for their advertisement; Rolf Büchi; Bundeszentrale für politische Bildung, Bonn for the articles on pages 17 (top), 19 and 80 taken from *Informationen zur politischen Bildung*; Deutscher Instituts-Verlag GmbH for the articles on pages 53 and 97; Deutscher Sparkasse Verlag GmbH; Droemer Knaur; Eichborn Verlag GmbH and Co; Expert Verlag for extracts from *Stopp, Betriebliche Personalwirtschaft* 16th edition, 1990; Frankfurter Allgemeine Zeitung; Frankfurter Wertpapierbörse; Gabler kleines lexikon Wirtschaft, fourth edition, Wiesbaden 1989; Gesellschaft für Wirtschaftspublizistik for articles from *Wirtschaftswoche*; Giesking Wirtschaftsverlag GmbH; Globus Kartendienst GmbH; Gruner and Jahr AG and Co for the extracts from *Stern*; Handelsblatt; imu-bildinfo (Erich Linde); Fritz Knapp Verlag for the extract from *Börsen-ABC* by R K Grosjean; Komision der Europaischen Gemeinschaften; Erik Liebermann for the use of his cartoons; Lubecker Nachrichten; Bernard Nagel; NEC Deutschland GmbH for extracts from *Der Weg zum Erfolg* (Zeitschrift Führung + Organisation) Heft 3/1989, S. 147; The New York Times for 'Geschäft Verbaut' and 'Klarer Auftrag'; North West Airlines for their advertisement; Olivetti GmbH for their advertisement; Das Parlament/Undine von Blottnitz for the extract from *Das Parlament* No. 3, 1989; Klaus Pierlert for his cartoon; Erich Schmidt Verlag; Siemens for their advertisement; Verlag Langewiesche-Brandt KG; Volkswagen/MAN for their advertisement; Winklers Verlag for extracts from *Volkswirtschaft für Berufsschulen* by Füth and Blasberg, Darmstadt 1990, *Lernbuch Volkswirtschaft* by Christmann, Mattes and Schoff, Darmstadt 1990, *Menschliche Arbeit im Betrieb. Lehr- und Arbeitshefte zur Wirtschaftslehre 4* by Jäger, Darmstadt 1990 and *Marketing. Lehr- und Arbeitshefte zur Wirtschaftslehre 1*, Darmstadt 1988.

Every effort has been made to trace and acknowledge ownership of copyright. The publishers will be glad to make suitable arrangements with any copyright holders whom it has not been possible to contact.

British Library Cataloguing in Publication Data
Butzphal, Gerlinde
   Studium Wirtschaftsdeutsch.
   1. German language.   Business German
   I. Title II. Riordan, Colin
   808.066651031

   ISBN 0 340 52062 0

First published 1990

Typeset by Wearside Tradespools, Fulwell, Sunderland.
Printed in Great Britain for the educational publishing division of Hodder and Stoughton Ltd, Mill Road, Dunton Green, Sevenoaks, Kent by St Edmundsbury Press Ltd, Bury St Edmunds, Suffolk.

Inhalt

Einleitung

Dieses Buch entstand auf der Grundlage mehrjähriger Erfahrung mit Sprachkursen in Wirtschaftsdeutsch für britische Student(inn)en, die gute bis sehr gute Deutschkenntnisse haben, jedoch keine volks- oder betriebswirtschaftlichen Kenntnisse besitzen.

Die Themenauswahl in diesem Buch wurde von dem Grundsatz geleitet, die Student(inn)en mit den notwendigen Fertigkeiten und Fähigkeiten in der Fremdsprache auszustatten, um sich wirtschaftliches Wissen in der Fremdsprache selbständig aneignen zu können und somit auch für ihr Jahr im Ausland gerüstet zu sein.

Die im Buch verwendete Sprache ist die Zielsprache. Es wurde nicht der Umweg über die Muttersprache gewählt, da dieser die Entwicklung der sprachlichen Fertigkeiten eher behindert, und die Studenten selten das Gefühl vermittelt bekommen, die Fremdsprache selbstbewußt zu beherrschen.

Wir wissen, daß viele Lehrer und Lehrerinnen vor dem Gedanken, Wirtschaftsdeutsch unterrichten zu müssen, zurückschrecken, aus Angst, die fachlichen Voraussetzungen nicht erfüllen zu können. Aus diesem Grund wurden die Lektionen so aufgebaut, daß sich fachliches Wissen vom Lehrenden schnell angeeignet werden kann, ohne daß die zu vermittelnden Inhalte trivial werden. Ganz im Gegenteil: anknüpfend an die eigenen Erfahrungen der Student(inn)en wird gemeinsam der Stoff erarbeitet, und die eigentliche Rolle des Dozenten/der Dozentin ist es, diesen Prozeß zu steuern, und den Student(inn)en dabei zu helfen, sprachliche Schwierigkeiten zu überwinden. Jedoch wird vom Lehrenden erwartet, daß er Freude am kooperativen und kommunikativen Sprachunterricht hat, da dies den Schwerpunkt des Lehrwerks bildet.

In erster Linie wird die Fertigkeit Sprechen geübt. Durch die oben kurz erwähnte Methodik, sich inhaltliches Wissen durch den Rückgriff auf eigene Erfahrungen anzueignen, aber besonders durch die Auswahl der Themen und Aufgaben, wie z.B. Projekte, werden ständig Redeanlässe geschaffen. Darüberhinaus wird die Kommunikation durch Partner- und Gruppenarbeit, Spiele, Rollenspiele, Diskussionen, Befragungen oder Präsentationen von Arbeitsergebnissen gefördert.

Auch die rezeptiven Fertigkeiten Lesen und Schreiben spielen eine bedeutende Rolle.

Die Tätigkeit Lesen wird immer dann eingesetzt, wenn es gilt, sich notwendige Informationen für das Erfüllen einer Aufgabe anzueignen, oder um ganz einfach einen Einblick in das zu bearbeitende Thema zu erhalten. Es wird ausschließlich authentisches Material benutzt, und dem Können der Lerner wird dadurch Rechnung getragen, daß sie ihrem Lernniveau angepaßte Aufgaben zu erfüllen haben. Auf diese Weise können in leistungsmäßig heterogenen Gruppen auch die besseren Lerner motiviert werden. Lesetechniken wie 'Skimming' und 'Scanning', 'Aufbau und Intention eines Textes erkennen können' werden ebenfalls geübt.

Die schriftlichen Aufgaben sind danach ausgewählt worden, welche

Fertigkeiten im Verlauf des weiteren Studiums, aber auch später im Beruf erforderlich sind. Die Student(inn)en lernen hierbei, so unterschiedliche Schriftstücke wie Definitionen, Prognosen, Werbetexte, einen Marktforschungsfragebogen, Ergebnisberichte, Geschäftsbriefe und Bewerbungsschreiben zu verfassen.

Da die Wirtschaftssprache sich gerne graphischer Veranschaulichungen wie z.B. Kurven oder Diagramme bedient, üben sich die Student(inn)en auch in der sprachlichen Umsetzung dieser Schaubilder.

Falls gewünscht wird, den Sprachkurs dem Curriculum der Wirtschaftsfakultät anzupassen, ist es möglich, die Lektionen 1–6 und 7–12 untereinander zu vertauschen. Bestimmte sprachliche Fertigkeiten, die für die Lektion vorausgesetzt werden (dies ist den Hinweisen für Dozenten/Dozentinnen zu entnehmen), können dann im voraus geübt werden. Nicht empfehlenswert ist es jedoch, zwischen dem ersten und zweiten Teil des Buches zu wechseln, da die sprachlichen Aufgaben auf die fortgeschrittenen Fertigkeiten der Lernenden abgestimmt sind.

Wir haben mit diesem Buch versucht zu zeigen, daß die Vermittlung einer Wirtschaftssprache nicht langweilig zu sein braucht, sondern ganz im Gegenteil sehr interessant und abwechslungsreich gestaltet werden kann. Ein Problem jedoch konnten wir nicht vermeiden, nämlich daß die verwendeten Materialien im Laufe der Zeit veralten, obwohl wir uns bemüht haben, solche Texte auszuwählen, deren Gegenstand immer aktuell sein wird. Dort, wo es uns nicht gelungen ist, kann den Hinweisen für Dozenten/Dozentinnen entnommen werden, wie die Materialien zu aktualisieren sind. In der Regel genügt nur ein Austausch, ohne daß die dazugehörenden Aufgaben geändert werden müssen. In den Hinweisen geben wir ebenfalls Tips, wie der Unterricht durch Einsatz anderer Informationsquellen oder Unterrichtsmedien interessant zu gestalten ist.

Die Reaktion unserer Studenten und Studentinnen auf diese Unterrichtsmaterialien war immer sehr positiv und wir hoffen, daß Sie dieselben Erfahrungen mit diesem Buch machen und ebenfalls Freude am Unterrichten von Wirtschaftsdeutsch haben.

Bei dieser Gelegenheit möchten wir uns für die freundliche Unterstützung, die wir von den Kollegen und Kolleginnen am Department of German des University College of Swansea erfahren haben, bedanken, insbesondere bei Dr. Wolfgang Haas, Franziska Meyer und Antje Vöge-Dyson.

Es zeichnen besonders verantwortlich für die Lektionen 4, 5, 6, 9, 10 und 12 Gerlinde Butzphal, für die Lektionen 1, 2, 3, 7, 8 und 11 Colin Riordan.

Gerlinde Butzphal und Colin Riordan

Hinweise für den Dozenten/die Dozentin

1 WIRTSCHAFT UND VOLKSWIRTSCHAFTSLEHRE

Diese Lektion besteht aus zwei Teilen. Im ersten Teil erarbeiten die Student(inn)en die Grundbegriffe der Wirtschaft und die dazugehörenden Fachtermini wie 'Knappheit', 'Bedürfnisse', 'Wirtschaften', 'Produktion', 'Angebot', 'Nachfrage' und 'Produktionsfaktoren'. Mit Hilfe eines Schaubildes (siehe Seite 21) sind die Student(inn)en dann eigenständig in der Lage, den Begriff 'Wirtschaft' zu definieren. Der zweite Teil der Lektion gibt den Lernern Einblick in das Gebiet der Volkswirtschaftslehre. Ziel ist es, daß die Student(inn)en erkennen, warum es nützlich ist, die Wirtschaft zu studieren.

UNTERRICHTSMETHODISCHE HINWEISE

- Beim Lesen des Textes *Zum Problem der Knappheit* auf Seite 17 sollte darauf geachtet werden, daß die Student(inn)en den Text nicht detailliert lesen, sondern nur die Arten der Knappheit herausfinden.

- Bei der Besprechung der Graphiken auf Seite 21 und 22 sollte man in diesem Stadium des Lernprozesses eine genaue inhaltliche Klärung möglichst vermeiden, um die Lernenden nicht zu demotivieren.

- Bevor die Aufgabe auf Seite 18 durchgeführt wird, könnte die Tabelle genauer besprochen werden. Sie bietet sich z.B. für eine Untersuchung an, inwieweit die Verwendung des monatlichen Einkommens eines bundesdeutschen Haushalts von der im eigenen Land abweicht.

Informationsquellen

- Deutscher Sparkassenverlag GmbH, Stuttgart
  Bezugsadresse: Sparkassen-Schulservice, Postfach 1429, 5300 Bonn 1
  (z.B. Wirtschaftliche Grundbegriffe Teil I: Wirtschaftliches Prinzip, Bedürfnisse, Produktionsfaktoren. Unterrichtsbeispiele (1985)).

- Jürgen Christmann, Peter Mattes, Michael Schopf: Lernbuch Volkswirtschaft, Winklers Verlag, Darmstadt (1984).

2 DAS KONJUNKTURKLIMA

In dieser Lektion erwerben die Student(inn)en die nötigen sprachlichen Fähigkeiten, um Konjunkturberichte zu verstehen und zu besprechen. Als erstes werden solche sprachlichen Ausdrücke erarbeitet, die die Veränderungen von Wirtschaftsdaten anzeigen, da diese sehr häufig vorkommen und zahlreiche Varianten aufweisen. Die Erarbeitung des Sprachmaterials erfolgt anhand von Originaltexten, bei denen es *nicht* auf das inhaltliche Verständnis ankommt. Im Anschluß daran erscheinen diese Ausdrücke in einem Konjunkturbericht, mit deren Hilfe das in diesem Zusammenhang notwendige Fachvokabular eingeführt wird. Dieser Phase folgt ein Spiel, das der Auflockerung und Vertiefung dieser Ausdrücke dient.

Im zweiten Teil der Lektion wird ein Originaltext zur konjunkturellen Situation einzelner Industriebranchen bearbeitet. Obwohl dieser Text recht schwierig ist, werden die Student(inn)en keine Probleme mit dem Leseverständnis haben, da die dazugehörenden Aufgaben ihrem Lernniveau angepaßt sind. Den Abschluß bildet das Verfassen eines Geschäftsbriefes.

UNTERRICHTSMETHODISCHE HINWEISE

- Die eingesetzten Materialien wie *Trends der Woche* (Seite 25 und 26) und *Industriebranchen in der Bundesrepublik* (Seite 31) lassen sich leicht aktualisieren, ohne daß die dazugehörenden Aufgaben geändert werden müssen.

- Bei den Texten *Trends der Woche* und *Industriebranchen in der Bundesrepublik* ist wieder darauf zu achten, daß nur die in den Aufgaben geforderten Informationen extrahiert werden; detailliertes Lesen sollte unbedingt vermieden werden.

- Bei der Erarbeitung des Sprachmaterials ist es ratsam, den Unterschied zwischen transitiven und intransitiven Verben zu erklären, sowie den Gebrauch von *haben* und *sein* (*ist gestiegen*, aber *hat zugenommen*) in den Vordergrund zu rücken.

- Die *Zusatzaufgabe* auf Seite 29 (Beschreibung des Zusammenhangs zwischen Bruttosozialprodukt, Inflationsrate und Arbeitslosenquote) ist für fortgeschrittene Lerner gedacht.

- Vor der Erteilung der schriftlichen Abschlußaufgabe kann auf die Form deutscher Geschäftsbriefe (DIN 5008) eingegangen werden. Die Student(inn)en könnten dann dazu angehalten werden, den Brief auf der Schreibmaschine oder dem Wordprocessor unter Berücksichtigung dieser Norm zu schreiben.

Informationsquellen

- Die Rubrik *Trends der Woche* (siehe Seite 25 und 26) erscheint jede Woche in der *WirtschaftsWoche*
Bezugsadresse: Gesellschaft für Wirtschaftspublizistik GWP mbH, Postfach 3734, 4000 Düsseldorf 1.

- Konjunkturberichte erscheinen Ende Dezember oder Anfang Januar in fast allen Zeitungen und Zeitschriften, die einen Wirtschaftsteil haben oder wirtschaftliche Themen behandeln, z.B. die *WirtschaftsWoche*, die *Frankfurter Allgemeine Zeitung*
Bezugsadresse: Frankfurter Allgemeine Zeitung, Postfach 100808, 6000 Frankfurt 1.

- Der Text zu den verschiedenen Industriebranchen auf Seite 31 erscheint jedes Jahr in der letzten Dezember- oder der ersten Januarwoche in der Illustrierten *Stern*
Bezugsadresse: Gruner und Jahr AG & Co, Warburgstraße 50, 2000 Hamburg 36.

3   STEUERN

Diese Lektion besteht aus drei Teilen. Im ersten Teil werden die Finanzen einer fiktiven Wohngemeinschaft mit denen der Bundesrepublik Deutschland verglichen. Auf diese Weise erkennen die Student(inn)en eigenständig, was Steuern sind und welche Funktion sie haben.

Im zweiten Teil lernen sie verschiedene Arten von Steuern kennen und zu definieren.

Im dritten Teil müssen die Student(inn)en ihre erworbenen Kenntnisse des bundesdeutschen Steuersystems einsetzen, indem sie zwei Texte über Steuertips untersuchen und ihr Wissen in einem auf Deutsch verfaßten Brief darlegen.

UNTERRICHTSMETHODISCHE HINWEISE

- Die in dieser Lektion verwendeten Schaubilder bieten über die im Buch zu findende Verwendung hinaus viele Redeanlässe. Sie lassen nicht nur einen Vergleich mit dem Steuersystem des eigenen Landes zu, sondern auch ein kritisches Hinterfragen, warum das Steueraufkommen gerade so und nicht anders verwendet wird (vgl. Schaubild *Bundeshaushalt 1984–1990* auf Seite 34), oder ob die Einteilung der Steuersätze nicht auch anders erfolgen kann (vgl. Tabelle zum Steuertarif auf Seite 34).

- Die schriftliche Aufgabe – das Verfassen eines Briefes an einen Freund – kann dazu benutzt werden, die stilistischen Unterschiede zwischen solch einem Brief und einem Geschäftsbrief bewußt zu machen.

Informationsquellen

Zahlreiche Bücher zur Einführung in die Volkswirtschaftslehre enthalten weitere Informationen zu diesem Thema; empfohlen werden kann folgendes Buch: Gernot Hartmann, Friedrich Härter, *Allgemeine Wirtschaftslehre für kaufmännische Auszubildende* (Merkur Verlag, Rinteln 1987).

4   AKTIEN

Diese Lektion gliedert sich in drei Abschnitte.

Im ersten Abschnitt werden die Funktionen der Aktie mit dem dazugehörenden Fachvokabular erarbeitet.

Im zweiten Abschnitt lesen die Student(inn)en Berichte über das Geschehen an den deutschen und internationalen Börsen und ziehen Vergleiche. Hierbei lernen sie das 'Börsenvokabular' kennen und die Bedeutung der Aktienindizes.

Im dritten Abschnitt wird die Aufmerksamkeit auf die in Börsenberichten benutzte Sprache, insbesondere die Verwendung von Metaphern, gerichtet. Die Anwendung der gefundenen Metaphern wird durch das Neuformulieren eines Zeitungsartikels geübt.

Den Abschluß dieser Lektion bildet ein Spiel, das 'Börsenspiel'. Hierbei können die Student(inn)en ihr erarbeitetes Wissen spielerisch umsetzen. Darüberhinaus werden die Lesetechniken Skimming und Scanning geübt.

UNTERRICHTSMETHODISCHE HINWEISE

- Je nach Können der Lernergruppe kann im ersten Teil der Lektion auf die Mitbestimmung von Arbeitnehmern in Aktiengesellschaften in der Bundesrepublik eingegangen werden.

- Die eingesetzten Materialien wie die Berichte zu dem Börsengeschehen und die Übersicht über die Notierungen der Aktien (siehe *Stockmaster* auf Seite 50) können mühelos durch aktuelle Originalmaterialien ersetzt werden, ohne daß die Aufgaben dazu geändert werden müssen.

- Folgende Aktienindizes werden benutzt:
  in New York der Dow-Jones Index; in Tokio der Nikkei-Dow-Jones Index; in London der FT-SE-100 Index; in Zürich der Swiss-Performance Index; in Hongkong der Hang-Seng Index; in Singapur der Straits-Times Index; in Sydney der All-Ordinary Shares Index.

Informationsquellen

- Die Börsenberichte wurden der *Frankfurter Allgemeinen Zeitung* entnommen; der *Stockmaster* ist der Übersicht 'Börsenwoche' aus der *WirtschaftsWoche* entlehnt.

- Hintergrundinformationen bieten gratis:
  Sparkassen-Schul-Service, Postfach 1429, 5300 Bonn 1 (Folien, Formulare, Nachschlagewerke)
  Frankfurter Wertpapierbörse – Informationsdienst, Börsenplatz 6, 6000 Frankfurt a.M. 1
  Der Bundesminster für Arbeit und Sozialordnung, Referat Presse und Information, Postfach, 5300 Bonn (Informationen zur betrieblichen Mitbestimmung).

5 WÄHRUNGEN

Auch diese Lektion gliedert sich in drei Teile. Im ersten Teil werden die Student(inn)en mit dem gesetzlichen Zahlungsmittel der Bundesrepublik bekannt gemacht und deren Bedeutung im Hinblick auf andere Währungen. Es wird einige Zeit mit der Interpretation von Devisenwechselkursen verbracht, da es für die Student(inn)en am Anfang recht schwierig ist zu erkennen, ob es sich bei Wechselkursänderungen um eine Auf- oder Abwertung der betreffenden Währung handelt.
Im Anschluß daran wird auf den Dollar als Leitwährung eingegangen, und welche Folgen ein Erstarken bzw. eine Schwächung des Dollars auf die bundesrepublikanische Wirtschaft haben kann. Die schriftliche Aufgabe besteht darin, eine Prognose für die Wirtschaft der Bundesrepublik aufgrund neuer Wechselkursverhältnisse zu verfassen, wobei die sprachlichen Ausdrücke, die in der zweiten Lektion geübt wurden, wieder zur Anwendung kommen.
Im dritten Teil werden die Ursachen der Dollarkursschwankungen erarbeitet. Dies erfolgt durch Auszüge aus Wirtschaftsberichten zur Lage an den Devisenbörsen, wobei die Student(inn)en Vermutungen anstellen müssen, ob und auf welche Weise sich politische und wirtschaftliche Ereignisse in der Welt auf den Kurs des Dollars auswirken können. Durch den Zwang, inhaltliche Zusammenhänge erkennen zu müssen, sind die Lerner jetzt viel leichter in der Lage, die Originaltexte in ihrem Gesamtzusammenhang zu verstehen und Ursachen zu nennen, die die Schwankungen des Dollars auslösen.

UNTERRICHTSMETHODISCHE HINWEISE

- Es lohnt sich, bei der Behandlung des Textes zur Entwicklung des Dollarkurses von April bis Juni das *Insider-Kauderwelsch* genauer zu betrachten. So läßt sich hier der telegrammartige Stil und die teilweise falsche Grammatik der Sätze hervorheben.

- Die in dieser Lektion verwendeten Materialien lassen sich ebenfalls problemlos durch aktuelle Tabellen oder Texte ersetzen, ohne daß die Aufgaben geändert werden müssen.

Informationsquellen

- Die Devisenkurstabellen auf Seite 56 wurden der *Frankfurter Allgemeinen Zeitung* entnommen, die 'Zeittafel' von den Seiten 59 und 60 erfolgte in Anlehnung an die täglichen Berichte über das Geschehen an den Devisenbörsen im *Handelsblatt*.
  Bezugsadresse: Handelsblatt GmbH, Postfach 1102, 4000 Düsseldorf 1.

- Hintergrundinformationen bieten gratis:
  Sparkassen-Schul-Service, Postfach 1429, 5300 Bonn 1 (Folien, Formulare, Nachschlagewerke).
  Die Landeszentralen für politische Bildungsarbeit der einzelnen Länder der Bundesrepublik.

6 DER EUROPÄISCHE BINNENMARKT

In dieser Lektion wird den Student(inn)en ein kurzer Überblick über die Geschichte der Europäischen Gemeinschaft gegeben mit der Möglichkeit, die Eintragungen im Textbuch zu aktualisieren.
Das Kernstück der Lektion bildet ein Rollenspiel. Die Student(inn)en lesen Texte zum Europäischen Binnenmarkt, in denen so unterschiedliche Positionen wie zum Beispiel *Gesündere Lebens- und Arbeitsbedingungen* oder *Ökologischer Ausverkauf steht zu befürchten* vertreten werden. Im Anschluß daran wird die Frage 'Was bringt uns der Europäische Binnenmarkt?' diskutiert, in der die Studenten dann die erarbeiteten Positionen vertreten und verteidigen müssen. Den Abschluß bildet die Aufgabe, eine Umfrage über die Einstellung der Studenten zum Europäischen Binnenmarkt zu machen.

UNTERRICHTSMETHODISCHE HINWEISE

Sollte es der Fall sein, daß die eingesetzten Texte irgendwann veraltet sind, so kann man diese durch aktuellere Texte ersetzen, ohne die Aufgaben grundlegend ändern zu müssen. Bei der Auswahl der Texte ist jedoch darauf zu achten, daß diese verschiedene Positionen und Intentionen beinhalten müssen, weil das Ziel der Übung darin liegt, diese Positionen zu erkennen und später im Rollenspiel umzusetzen.

Informationsquellen

- Aktuelles Informationsmaterial erhält man über die Kommissionen der Europäischen Gemeinschaften in dem jeweiligen Land. Für Material in deutscher Sprache lautet die Bezugsadresse: Kommission der Europäischen Gemeinschaften, Presse- und Informationsbüro, Zitelmannstraße 22, 5300 Bonn 1.

- Regelmäßige Informationen bietet die Zeitung *Das Parlament*. Sie ist ebenfalls über die Kommission der Europäischen Gemeinschaften zu beziehen.

7 BETRIEBLICHE ORGANISATION

In dieser Lektion lernen die Student(inn)en die unterschiedlichen Organisationsstrukturen von Unternehmen kennen. Sie lernen, Abstraktionen in Form von Organigrammen sprachlich und inhaltlich umzusetzen, bzw. textliche Inhalte durch Abstraktionen (hier Organigramme) zu veranschaulichen.

Die Anwendung des Gelernten erfolgt durch die Untersuchung der Organisationsstruktur einer selbstgewählten Unternehmung oder der Administration der Hochschule. Ziel ist es, die bestehende Struktur zu erkennen, Probleme – falls vorhanden – aufzuzeigen und Verbesserungsvorschläge zu unterbreiten. Diese Erkenntnisse werden dann in der Form eines Berichts schriftlich zusammengefaßt.

UNTERRICHTSMETHODISCHE HINWEISE

- Bei den Übungen zur sprachlichen Umsetzung der Vor- und Nachteile bestimmter Organisationsformen könnte näher auf die Besonderheiten des Nominalstils eingegangen werden.

- Die Informationen, die dem Text über die Firma Hoechst (siehe Seite 79) zu entnehmen sind, lassen nur auf eine etwas vereinfachte Version der wirklichen Umstrukturierung schließen. Dadurch wird die Aufgabe im Interesse der Student(inn)en etwas leichter. Der ursprüngliche Artikel, dem ein etwas komplizierteres Organigramm beigefügt wurde, erschien in der folgenden Ausgabe der *WirtschaftsWoche*: Nr. 44, 28. Oktober 1988, S. 153–59.

Informationsquellen

Weitere Informationen zur betrieblichen Organisation können folgenden Werken entnommen werden:

- Gernot Hartmann, Friedrich Härter: *Allgemeine Wirtschaftslehre für kaufmännische Auszubildende* (Merkur Verlag, Rinteln 1987).

- Josef Jäger: *Menschliche Arbeit im Betrieb. Lehr- und Arbeitshefte zur Wirtschaftslehre 4* (Bestellnummer 3868, Winklers Verlag, Gebrüder Grimm, 6100 Darmstadt).

8 PERSONALFÜHRUNG

Diese Lektion gliedert sich in zwei Abschnitte.

Im ersten Abschnitt werden anhand von Texten solche Merkmale der Arbeit erarbeitet, die die Arbeitnehmer dazu motivieren, sich für ihre Arbeit einzusetzen. Es wird ebenfalls ein Blick darauf geworfen, wodurch Unternehmen in ihrer Arbeitnehmerschaft eine hohe Arbeitsmotivation erzeugen können. Eine Überprüfung dieser theoretischen Erkenntnisse erfolgt durch eine Umfrage, die die Student(inn)en unter den Angestellten und Lehrenden ihrer Universität durchführen und auswerten. Die Ergebnisse werden schriftlich in der Form eines Untersuchungsberichts fixiert.

Im zweiten Abschnitt lernen die Studenten verschiedene Führungsstile kennen. Die Auswirkung dieses Führungsverhaltens wird nicht nur theoretisch erörtert, sondern durch ein Rollenspiel für die mit der Praxis recht unerfahrenen Student(inn)en erfahrbar gemacht.

UNTERRICHTSMETHODISCHE HINWEISE

Das Rollenspiel könnte auf Video aufgenommen werden. Es ist dann leichter, die Wirkungen eines bestimmten Führungsverhaltens auf die 'Untergebenen' zu beobachten und zu untersuchen.

Informationsquellen

Zum Beispiel: Josef Jäger: *Menschliche Arbeit im Betrieb. Lehr- und Arbeitshefte zur Wirtschaftslehre 4* (Bestellnummer 3868, Winklers Verlag, Gebrüder Grimm, 6100 Darmstadt).

9 MARKTFORSCHUNG UND PRODUKTPOLITIK

Marktforschung und Produktpolitik werden in dieser Lektion zusammen behandelt, um zu zeigen, daß beide Themen inhaltlich zusammenhängen. Ausgangspunkt ist die fiktive Situation, daß ein Schokoriegel-Produkt, welches die Student(inn)en selber bestimmen können, in Absatzschwierigkeiten geraten ist. Mittels der Marktforschung sollen die Gründe dafür aufgedeckt werden.

Das Thema Marktforschung wird mit Hilfe eines Übersichtsartikels zu den Arten der Marktforschung eingeleitet. Im Anschluß daran wird erarbeitet, wie ein Fragebogen gestaltet sein muß, um durch die Befragung aufschlußreiche Informationen zu erhalten. Dies geschieht durch Gruppenarbeit. Eine Gruppe erarbeitet, welche Frageformen es gibt. Eine andere, welche Zielgruppen identifiziert werden können. Die letzte Gruppe überlegt, welcher Konkurrenzsituation das gewählte Produkt auf dem Schokoriegelmarkt ausgesetzt ist.

Die Anwendung dieser Erkenntnisse erfolgt im Rahmen von Projektgruppenarbeit: zunächst wird ein Fragebogen erstellt, anschließend die Verbraucherbefragung durchgeführt und dann die Befragung ausgewertet. Die unterschiedlichen Erkenntnisse werden in der Gesamtgruppe diskutiert und protokolliert.

Im zweiten Teil der Lektion werden die unterschiedlichen Möglichkeiten der Produktpolitik kennengelernt und auf das Schokoriegel-Produkt angewendet.

UNTERRICHTSMETHODISCHE HINWEISE

- Ziel der Aufgabe zum Text *Arten der Marktuntersuchungen* auf Seite 92 ist es, daß die Leser den Textaufbau erkennen; erst danach sollte näher auf detailliertere Informationen eingegangen werden.

- Bei der Erarbeitung der verschiedenen Frageformen auf Seite 94 und 95 könnte auf deren unterschiedliche Wirkungen auf die Befragten eingegangen werden, z.B. die Intention und Wirkung von Suggestivfragen.

- Bei der Aufgabe, ein schriftliches Protokoll über die Diskussion der verschiedenen Befragungsergebnisse anzufertigen (vgl. Seite 99), ist es sinnvoll, mit den Student(inn)en zusammen ein paar Strukturierungs- und Formulierungsvorschläge zu erarbeiten, z.B. als Einleitung 'In der Diskussion wurden zwei Vorschläge erörtert: . . .'; als Hinführung zum Schluß 'Die Mehrheit der Diskussionsteilnehmer sprach sich dann für den Vorschlag aus, . . .'.

Informationsquellen

Als Informationsgrundlage mit vielen praktischen Beispielen für diese und die beiden folgenden Lektionen ist zu empfehlen:

- Josef Jäger: *Marketing – Lehr- und Arbeitshefte zur Wirtschaftslehre 1*, Winklers Verlag, Darmstadt 1981.
- Philip Kotler, Gary Armstrong: *Marketing: An Introduction*, Prentice-Hall International Inc. 1987.

10 WERBUNG

Im Zentrum dieser Lektion steht das Projekt, für das Schokoriegel-Produkt aus der Lektion 9 Werbeanzeigen zu entwerfen. Die Voraussetzungen dafür werden in Gruppen anhand von Originalanzeigen erarbeitet: eine Gruppe beschäftigt sich mit den Werbetexten und deren Wirkung, eine andere mit den rhetorischen Gestaltungsmerkmalen von Werbetexten und die dritte mit der bildnerischen Gestaltung von Werbeanzeigen.
Darüberhinaus lernen die Student(inn)en, was unter Werbung verstanden wird, welche marktwirtschaftliche Funktion sie hat und wie Werbung in der Praxis abläuft, mit dem dazugehörigen Fachvokabular.

UNTERRICHTSMETHODISCHE HINWEISE

- Der Phantasie der Dozent(inn)en sind in dieser Lektion keine Grenzen gesetzt. Das Aufgabengerüst aus dieser Lektion kann dazu benutzt werden, anstelle von Werbeanzeigen Werbespots aus dem Rundfunk oder Fernsehen zu untersuchen. So kann das Projekt auch darin bestehen, eigene Werbefilme mit Hilfe des Videogeräts zu drehen oder Rundfunkspots aufzunehmen. Alle drei Medien (Anzeige, Rundfunk, Video) können auch kombiniert eingesetzt werden.

Informationsquellen

Der Zentralausschuß der Werbewirtschaft (ZAW), Postfach 201414, 5300 Bonn 2 gibt zusammen mit dem Sparkassen-Schul-Service Unterrichtsbücher zur Werbung heraus. Darüber hinaus wird kostenlos aktuelles Informationsmaterial vergeben.

11 EXPORTMARKETING

Hier werden die Kenntnisse, die die Student(inn)en durch die Bearbeitung der Lektionen 9 und 10 erworben haben, als Grundlage vorausgesetzt. Zuerst werden die beiden Problemkomplexe, mit denen jeder Exporteur konfrontiert wird, der seine Ware im Ausland vermarkten will, erarbeitet. Neben den gesetzlichen und tarifären Problemen sind das die kulturellen Unterschiede, die besonders im Hinblick auf die Gründung des Europäischen Binnenmarkts von Bedeutung sind.
Die Überprüfung der erarbeiteten Grundlagen erfolgt mit Hilfe einiger Zeitschriftenartikel, die über die Schwierigkeiten und Lösungen bei der Vermarktung einheimischer Produkte im Ausland berichten.
Den Schluß bildet die Erarbeitung und Präsentation eines Vortrags, in dem die Chancen und Risiken bei der Vermarktung eines von den Student(inn)en ausgewählten Produkts dargelegt werden.

UNTERRICHTSMETHODISCHE HINWEISE

- Ein Lösungsbeispiel zur Aufgabe, inwieweit kulturelle Besonderheiten eines Landes beim Auslandsmarketing in Betracht gezogen werden müssen (vgl. Seite 117 und 118), wäre, daß alkoholische Getränke wie z.B. Whisky und Sake aus religiösen Gründen in Saudi Arabien nicht öffentlich angeboten werden dürfen.

- Es empfiehlt sich, die Liste der 'Stolpersteine' auf Seite 120 zuerst in der Gesamtgruppe zu besprechen, um mögliche Mißverständnisse zu vermeiden.

- Als Vorbereitung zur Abschlußaufgabe (Erarbeitung eines Vortrags, vgl. Seite 125) könnten Vortragstechniken sowie Zuhöreräußerungen wie z.B. 'Nachfragen' oder 'Unterbrechen' mit den Lernern zusammen erarbeitet werden.
  Die *Studienreihe Deutsch als Fremdsprache* im Max Hueber Verlag bietet hierzu Materialien an.

- Die Abschlußaufgabe kann auch erweitert werden, indem jedes Gruppenmitglied einen Vortrag zum Thema erarbeitet und diesen auch visuell mittels Overhead-Projektor oder an der Tafel präsentiert.

Informationsquellen

- Walter Dorsch, Wilhelm Peinelt: *Betriebliche Außenwirtschaft* (Gieseking Wirtschaftsverlag GmbH, Bielefeld 1977).

- Es lohnt sich ebenfalls, die Industrie- und Handelskammern in den einzelnen Bundesländern der Bundesrepublik mit der Bitte um Informationsmaterial anzuschreiben.

12 KARRIEREPLANUNG

In dieser Lektion werden drei Themen behandelt, die den Student(inn)en einen kleinen Vorgeschmack auf das geben sollen, was sie nach Beendigung ihres Studiums erwarten könnte.
Zuerst werden die formalen und sprachlichen Aspekte eines Bewerbungsschreibens mit Lebenslauf erarbeitet und schriftlich umgesetzt. Dann folgt das Lesen zweier Arbeitszeugnisse, die auf verschlüsselte Formulierungen untersucht und interpretiert werden sollen. Der dritte Themenbereich umfaßt zwei Verfahren zur Bewerberauslese: das Vorstellungsgespräch und der Assessment-Centre-Test (ACT). Bevor das Vorstellungsgespräch als Rollenspiel durchgeführt wird, erarbeiten die Student(inn)en in Gruppen, wie solch ein Gespräch in der Regel abläuft und welche Fragen der Bewerber/die Bewerberin zu erwarten hat bzw. welche Fragen er/sie selber stellen sollte. Der ACT wird ebenfalls durch Rollenspiel für die Student(inn)en erfahrbar gemacht: eine Gruppe spielt die Rolle der Bewerber, die ein Problem diskutieren müssen, die andere Gruppe die Rolle der Beobachter, die sich das Verhalten der Bewerber notieren und anschließend bewerten.
Die schriftliche Aufgabe dient dazu, die Fähigkeit der Student(inn)en für gruppendynamische Vorgänge zu schärfen, indem sie sich noch einmal in Erinnerung rufen, wie sie sich in ihrer Rolle gefühlt haben, und welche Konsequenzen ihr Verhalten in der Gruppe gehabt hatte.

UNTERRICHTSMETHODISCHE HINWEISE

- Hinweise zur Interpretation der Bewerbungsunterlagen des Michael Anonymus (vgl. Seite 131): Wo liegen die Fehler?

  1 Beim *Anschreiben* ist die Anschrift unvollständig, der Betreff ist zu unspezifisch, der Stil ist schlecht ('erblaube ich mir', 'beiliegend', 'diesbezüglich'), das Vorstellungsgespräch sollte vom Bewerber angeboten werden, die Grußformel klingt antiquiert. Man kann vermuten, daß der Bewerber nicht sehr sorgfältig (vgl. Anschrift) und zu sehr von sich überzeugt ist.

  2 Beim *Lebenslauf* fehlt das Paßbild, es werden nur Jahreszahlen angegeben und der Studienschwerpunkt bleibt offen. Man könnte vermuten, daß der Bewerber etwas verschleiern will, denn es gibt auch keine Anhaltspunkte (wie z.B. Praktika etc.) dafür, warum sein Studium so lange gedauert hat.

  3 Bei den *Zeugnissen* fällt auf, daß das Diplomvorprüfungszeugnis fehlt sowie das Diplomzeugnis mit den einzelnen Noten; zwischen dem Bewerbungsdatum und dem Abschluß der Diplomprüfung liegt ein halbes Jahr. Es stellt sich wieder die Frage, ob der Bewerber etwas zu verbergen hat.

- Bei der Frage, wie die Student(inn)en sich auf ein Vorstellungsgespräch vorbereiten würden (vgl. Seite 137), könnte auch auf die 'Körpersprache' eingegangen werden, also darauf, was eine bestimmte Körperhaltung dem Gegenüber signalisiert und welche Verhaltensweisen der Bewerber/die Bewerberin unterlassen sollte.

- Die Durchführung des Vorstellungsgesprächs und des Assessment-Centre-Tests könnte auch mit einer Videokamera gefilmt werden. Es wäre dann für die Student(inn)en einfacher, die gruppendynamischen Vorgänge und eigene Verhaltensfehler zu erkennen.

- Bevor die Gruppe mit der Diskussion beginnt, welche Gegenstände sie auf die Insel mitnehmen würden (vgl. ACT, Seite 140), sollte der Dozent/die Dozentin vielleicht ausdrücklich mit Hilfe von Beispielen die Wichtigkeit jedes einzelnen Gegenstands auf der Liste unterstreichen.

- Um jedem Studenten die Möglichkeit zu geben, die Rolle des Bewerbers in einem ACT zu spielen, könnte der ACT noch einmal mit einem anderen Diskussionsthema durchgespielt werden. Zum Beispiel: eine Gruppe von Freunden befindet sich in ihrem Kleinbus auf der Rückfahrt aus dem Süden in 2275 m Höhe, fast auf der Paßhöhe, in den Alpen. Plötzlich macht der Kleinbus keinen Muckser mehr. Draußen herrscht ein fürchterliches Schneetreiben und die Sicht ist gleich Null. In bester Stimmung hatte man sich gemeinsam entschieden, trotz der Warn- und Hinweisschilder die alte Paßstraße der bequemen, aber teuren Tunneldurchfahrt vorzuziehen. Man kann nicht mehr damit rechnen, daß noch ein anderes Fahrzeug diesen Weg nimmt. Eigentlich hätte man auf der alten Paßstraße Winterausrüstung benötigt. Draußen wird es immer kälter.

  Aufgabe: Diskutieren Sie gemeinsam die Handlungsmöglichkeiten, die Ihnen in dieser fast ausweglosen Lage sinnvoll erscheinen.

Informationsquellen

Viele interessante Tips zur Bewerbung vermittelt *Das Neue TEST-Programm* von Hesse/Schrader, erschienen im Eichborn Verlag, Frankfurt a.M. 1988.

Wirtschaft und Volkswirtschaftslehre

ZAHL DER ARBEITSLOSEN NAHM ZU

Produktion zurückgegangen

Inflationsrate steigt

LEICHTER PREISANSTIEG IM EINZELHANDEL

Handelsbilanzdefizit gestiegen

Sind Sie, Ihre Verwandten oder Bekannten von den wirtschaftlichen Problemen, die täglich in den Schlagzeilen erscheinen, persönlich betroffen? Welche Auswirkungen auf das tägliche Leben des Einzelnen können wirtschaftliche Probleme haben? Nennen Sie Beispiele!

Um die Ursachen solcher Probleme herauszufinden, muß man sich mit den Grundproblemen der Wirtschaft auseinandersetzen. Dabei lernt man auch die Grundbegriffe der Wirtschaft und der Wirtschaftssprache kennen. Wenn Sie die folgenden Texte und Aufgaben durchgearbeitet haben, werden Sie in der Lage sein, eine eigene Definition der Wirtschaft zu erstellen, und Sie können dann auch erklären, warum man die Wirtschaft analysiert.

KNAPPHEIT UND BEDÜRFNISSE

Fangen wir mit diesem kurzen Text an:

Bei steigender Bevölkerungszahl in
der Welt (1985 4,8 Milliarden, im
Jahre 2000 etwa 6,1 Milliarden
Menschen nach einer Schätzung der
UNESCO) und gleichzeitiger
Verringerung der Rohstoffreserven
wird sich in der Zukunft die
Knappheit oder Begrenztheit als
Grundproblem des Wirtschaftens in
verstärktem Maße bemerkbar
machen.

Fragen und Aufgaben

- *Was bedeutet* Knappheit?
- *Können Sie Beispiele für knappe Rohstoffreserven nennen?*
- *Warum, meinen Sie, wird in diesem Text die Knappheit als Grundproblem des Wirtschaftens bezeichnet?*

Im folgenden Text wird auf den Begriff *Knappheit* etwas näher
eingegangen. Sie müssen aber den Text nicht in allen Einzelheiten genau
verstehen.
Listen Sie vielmehr die *Arten der Knappheit* auf, mit denen Robinson auf
seiner Insel konfrontiert wird!
Finden Sie Gründe für diese Knappheit!
Finden Sie dann heraus, welchen Zusammenhang es zwischen Knappheit
und Wert gibt!

Zum Problem der Knappheit

Die *„Knappheit"* ist ein für uns Menschen absolutes Gebot. Es gilt sogar für Robinson auf seiner Insel. Mögen wir uns diese auch noch so üppig vorstellen, daß er sich für sein Überleben keinerlei Sorgen zu machen braucht, weil es auf ihr für ihn keine Feinde gibt und weil sie gleichbleibend warm ist und weil ihm die Früchte buchstäblich in den Mund wachsen. Will er dennoch mehr, als er vorfindet, dann muß er sich das Gewünschte selber herstellen und wird dann gleich mit einer speziellen Form der Knappheit konfrontiert, mit der Knappheit an Zeit. Es verbleibt ihm nämlich, da der Tag nur 24 Stunden hat, von denen er auch einige zum Schlafen benötigt, immer nur eine begrenzte Anzahl von Stunden, die er für seinen täglichen Bedarf nützen kann. Das gilt auch schon für die einfachsten Verrichtungen, wenn er z. B. für sich nichts neu herstellen, sondern nur einiges sammeln will, Früchte zum Verzehr, Laub für die Schlafstatt. Reifen die Früchte nur zu bestimmten Jahreszeiten, sollen ihm aber über diese hinaus zur Verfügung stehen, so benötigt er ein Lager, das er erst herstellen muß, um die Früchte stapeln und so konservieren zu können. Regnet es gelegentlich und er will nicht naß werden,

obwohl es keine natürliche Höhle gibt, dann muß er sich seinen Unterschlupf bauen, vielleicht nur eine Hütte oder gar schon ein Haus. Will er schließlich kochen oder braten, so braucht er einen Herd mit den dazu erforderlichen Utensilien.

Die Produktion solcher neuen Güter ist niemals auf einmal möglich. Robinson muß sich da schon eine zeitliche Folge entwickeln, und die einzelnen Güter werden für ihn umso kostbarer, werden also auch ohne Tauschpartner einen umso höheren Preis haben, je länger er an einem Stück hat arbeiten müssen und mit je mehr Zeit er zu ihrer Wiederbeschaffung rechnen muß.

Wir sehen also, wie wichtig die Knappheit an Zeit ist. Aber auch schon Robinson wird sich gleich mit einer weiteren Knappheit konfrontiert sehen, der Knappheit an Material. Zum Bauen benötigt er Werkzeuge; hat er keine oder nur wenige vom gestrandeten Schiff auf die Insel retten können, so muß er sie selber herstellen. Findet er Erz, so könnte er versuchen, Beile, Messer und Sägen selber herzustellen. Gibt es kein Erz, dann sind die Werkzeuge vom gestrandeten

Schiff unersetzbar. Ihr Wert oder Preis wird für Robinson unermeßlich hoch sein, so sehr viel höher, als für einen jeden von uns, die wir sie uns im nächsten Eisenwarengeschäft zu erschwinglichen Preisen kaufen können. Mit allen Dingen oder Gütern, die Robinson herstellt, wird er eine solche für ihn sehr lebendige Vorstellung ihres Wertes verbinden. In diesen Wert von Gütern geht also als Meßwert deren Knappheit ein, gemessen einmal am Vorhandensein von Zeit, zum anderen an Material, die für die Herstellung von Gütern erforderlich sind. Dieser Grad der jeweiligen Knappheit von Zeit und Material ist der bestimmende Faktor für Wert und Preis eines jeden Gutes, nicht nur für die Wirtschaft Robinsons, sondern für eine jedwede Wirtschaft. Beide Faktoren wirken, ganz unabhängig von der Wirtschaftsordnung, als Zeit- oder Arbeitskosten und als Materialkosten auf die Werte und entsprechend auf die Preise der Güter ein.

Erik Boettcher, Wachstum in der Wirtschaft, in: „Politische Bildung", 7/74, Heft 2 „Wirtschaftliches Wachstum", Klett Verlag Stuttgart, S. 31.

Wir alle haben eine Vielzahl von Wünschen. Damit wir leben können, brauchen wir Nahrung und in unseren Breitengraden auf jeden Fall auch Kleidung und Wohnung. Darüber hinaus möchten wir zum Beispiel fernsehen, lesen, eine Ferienreise machen, Sport treiben, Motorrad fahren.

All diese Wünsche zeigen uns an, daß uns etwas fehlt. Wir empfinden einen Mangel und sind bestrebt, diesen Mangel zu beseitigen. Solche Wünsche nennt man in der Wirtschaftssprache **Bedürfnisse**.

Wir alle haben einiges mit Robinson gemein. Lesen Sie dazu den Text auf der linken Seite.

Nennen Sie einige Beispiele für Bedürfnisse, die Sie verspüren!

Hier sehen Sie eine Tabelle, die zeigt, wofür die Bundesbürger ihr Geld ausgeben. Es ist also eine Liste der Bedürfnisse, die die Bürger der Bundesrepublik nicht nur haben, sondern sich auch erfüllen.

Monatliches Familieneinkommen	3599,36		6321,24	
Ausgaben	**in DM**	**in %**	**in DM**	**in %**
Nahrungsmittel	627,51	17,43	830,74	13,14
Genußmittel	109,07	3,00	118,37	1,87
Schuhe	51,61	1,43	76,98	1,21
Bekleidung	183,64	5,10	321,17	5,08
Miete	562,75	15,63	852,98	13,49
Strom, Brennstoffe	208,19	5,78	271,17	4,28
Möbel	49,46	1,37	111,37	1,76
Haushaltstextilien	29,75	0,83	40,66	0,64
Haushaltsgeräte	65,93	1,83	89,47	1,41
Reinigungs- und Pflegemittel	34,31	0,95	40,40	0,63
Gartenpflege und Tierhaltung	26,58	0,74	47,15	0,74
Auto, einschl. Steuer u. Versicherung	394,88	10,97	648,86	10,26
Telefon- und Postgebühren	53,53	1,48	73,77	1,16
Körper- und Gesundheitspflege	91,58	2,54	281,33	4,45
Radio, TV, Phonogeräte	39,46	1,09	50,72	0,80
Zeitungen, Zeitschriften, Bücher	44,43	1,23	79,40	1,25
Theater, Kino, Sportveranstaltungen	13,42	0,37	27,53	0,43
Uhren, Schmuck	6,58	0,18	20,12	0,31
Urlaub	83,95	2,33	186,05	2,94
Prämien für private Versicherungen	29,17	0,81	278,63	4,40
Kreditzinsen	66,27	1,84	342,74	5,42
Beiträge für Vereine u. Parteien	24,03	0,67	40,12	0,63
Spenden und Geldgeschenke	54,19	1,50	75,83	1,19
Vermögensbildung u. Kreditrückzahlung	457,44	12,70	937,63	14,83
Sonstiges	291,63	8,10	478,05	7,56

Quelle: Statistisches Bundesamt

Ordnen Sie die Liste nach:

- lebensnotwendigen Bedürfnissen (Existenzbedürfnisse)
- wünschenswerten Bedürfnissen (Kulturbedürfnisse)
- Luxusbedürfnissen.

Welche dieser Bedürfnisse sind am leichtesten zu erfüllen?
Warum sind einige leichter zu erfüllen als andere?

Nehmen Sie nun diese Tabelle, um eine Rangliste *Ihrer* Bedürfnisse anzufertigen! Sind diese Bedürfnisse leicht zu erfüllen? Kreuzen Sie den Grad der Knappheit an!

Beispiel

Bedürfnis	Bücher
Rangordnung	4
Grad der Knappheit	leicht verfügbar

Rangordnung Ihrer Bedürfnisse		Nicht verfügbar	Sehr knapp	Knapp	Verfügbar	Leicht verfügbar	Frei verfügbar
Existenz-bedürfnisse	1						
	2						
	3						
Kultur-bedürfnisse	4						
	5						
	6						
Luxus-bedürfnisse	7						
	8						
	9						

◄ Grad ◄ der ◄ Knappheit ◄◄

Nehmen Sie die ausgefüllte Tabelle eines anderen Studenten bzw. einer anderen Studentin, und beschreiben Sie seine oder ihre Bedürfnisse!

Schriftliche Aufgabe

Können Sie sich vorstellen, wie ein Mensch der Dritten Welt eine solche Tabelle ausfüllen würde? Beschreiben Sie schriftlich, wie sich diese von der typischen Tabelle Ihrer Kommilitonen und Kommilitoninnen unterscheiden würde.

WIRTSCHAFTEN

Das Zusammenleben von Menschen (kurz „gesellschaftliches Zusammenleben") ist – unabhängig davon, auf welcher Entwicklungsstufe sich die jeweilige menschliche Gesellschaft befindet – ohne Regelungen nicht denkbar. Dies gilt vor allem beim „Wirtschaften". Jeder Mensch muß zwangsläufig wirtschaftliche Entscheidungen treffen. Dabei ist er sich dieser Tatsache nicht immer bewußt.

„Wirtschaften" ist nichts anderes als der bewußte, zweckmäßige Umgang mit nicht beliebig vermehrbaren und in diesem Sinne knappen Mitteln. Somit ist jede menschliche Gesellschaft immer zugleich auch eine „Wirtschaftsgesellschaft". Ob im Altertum, im Mittelalter, in der Bundesrepublik Deutschland oder in anderen Ländern – zu jeder Zeit waren und sind die Menschen genötigt, sich mit dem Problem dieser Knappheit als Grundproblem des Wirtschaftens auseinanderzusetzen, auch wenn sich der Grad der Knappheit verändert.

Den Prozeß, wobei unsere Bedürfnisse erfüllt werden, nennt man *Wirtschaften*. Lesen Sie links und unten zwei Definitionen dieses Begriffs.

Wirtschaften als Tätigkeit ist die Bereitstellung und Verwendung knapper Güter mit dem Ziel, die Bedürfnisse der Menschen möglichst gut zu befriedigen. Die Wirtschaft ist die Gesamtheit aller Einrichtungen, die diesem Ziel dienen.

Nehmen Sie das konkrete Beispiel *Robinson*, um mit ihren eigenen Worten mündlich den Begriff *Wirtschaften* zu erklären!

Konkret werden die Bedürfnisse einer Industriegesellschaft durch die **Produktion** erfüllt.

PRODUKTION

Um zu produzieren, müssen eine Reihe von Entscheidungen getroffen werden:

- *Was* soll produziert werden (das heißt, welche Güter braucht man, um die Bedürfnisse zu erfüllen)?

- *Für wen* sollen die Güter produziert werden?

Über diese zwei Fragen entscheidet in den marktwirtschaftlichen Ländern der *Markt*.

● Der Markt ist das Nervenzentrum der Wirtschaft. Dort treffen Angebot und Nachfrage aufeinander.

● Die unterschiedlichen Interessen der Marktpartner (Käufer möglichst niedrige, Verkäufer möglichst hohe Preise) auszugleichen, ist in der freien Marktwirtschaft die Aufgabe des Preises. Angebot, Nachfrage und Preis regulieren das Marktgeschehen.

Die folgenden Feststellungen sind Ihnen gewiß bekannt:

● Angebot zu geringem Preis bewirkt eine große Nachfrage – Angebot zu hohem Preis bewirkt eine geringe Nachfrage.

● Der Preis der Güter entscheidet, *was* von *wem* gekauft wird.

Erfinden Sie eigene Beispiele, die diese Feststellungen veranschaulichen!

Es bleibt noch die Frage:

● *Wie* sollen die Güter produziert werden?

Zur Produktion aller Güter gehören als Voraussetzungen: Boden, Kapital und Arbeit. Diese drei Faktoren heißen *Produktionsfaktoren*.

Nehmen wir die Herstellung von Büchern als Beispiel. Um Bücher zu produzieren, braucht man:

BODEN

Man braucht ein Grundstück für die Fabrik, für die Lagerräume, für die Büros.

ARBEIT

Man braucht Autoren, die Mitarbeiter eines Verlagshauses, Fabrikarbeiter, LKW-Fahrer.

KAPITAL

Man benötigt Kapital, um Gebäude, Maschinen, Materialien, LKWs usw. zu kaufen bzw. zu finanzieren.

Das ist hier natürlich sehr vereinfacht dargestellt. Weitere Fragen wären:

● Was für Arbeit muß verrichtet werden?

● Welche Materialien braucht man?

● Woher könnte man das nötige Kapital beziehen?

● Wozu könnte man Boden noch benötigen?

Stellen Sie sich diese Fragen, während Sie die folgende Aufgabe ausführen:

Bilden Sie zwei Gruppen: jedes Mitglied nennt eines der Güter, die in seiner persönlichen 'Rangordnung der Bedürfnisse' erschienen.
Jede Gruppe wählt dann drei der Güter, die die andere Gruppe vorgeschlagen hat, und beschreibt, was man alles braucht, um diese Güter zu produzieren.
(Dazu müssen Sie vielleicht einige Wörter nachschlagen, möglicherweise auch mit Hilfe eines Lehrbuchs die Produktionsverfahren erforschen.)
Verfassen Sie dann eine kurze Beschreibung des Verfahrens, das zur Produktion der jeweiligen Güter nötig ist.

Schriftliche Aufgabe: Definition einer Wirtschaft

Das folgende Schaubild zeigt, wie die einzelnen Phasen, die Sie gerade erarbeitet haben, zusammenhängen. Versuchen Sie nun, das Schaubild mit ihren eigenen Worten und Beispielen zu erklären!

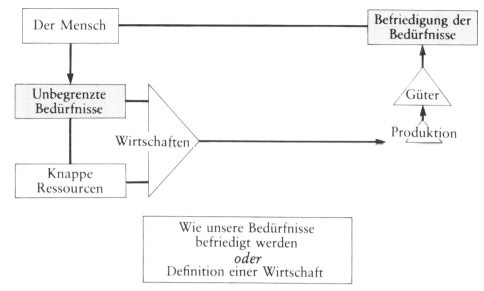

Wie unsere Bedürfnisse
befriedigt werden
oder
Definition einer Wirtschaft

Gegenstand der Volkswirtschaftslehre

Aufgabe der Volkswirtschaftslehre ist es, das Wirtschaftsleben zu beschreiben, zu erklären und zu untersuchen, um Gesetzmäßigkeiten herauszufinden. Es gilt unter anderem zu erkennen, ob die Mitglieder einer Gruppe (z.B. der Gruppe der Erwerbstätigen) auf die Veränderung wirtschaftlicher Größen (zum Beispiel Lohnhöhe) in gleicher Weise reagieren und auch im Wiederholungsfall das einmal gezeigte Verhalten beibehalten.

Sie haben gerade die Grundprobleme der Wirtschaft beschrieben! An der Schule, an der Hochschule und an der Universität kann man die Wirtschaft ausführlich und vertieft *studieren* und analysieren. Dieses Studienfach heißt *Volkswirtschaftslehre*. Lesen Sie dazu den Text links.

Fragen und Aufgaben

- *Warum ist es nützlich, Gesetzmäßigkeiten zu erkennen?*

- *Welche anderen wirtschaftlichen Gruppen und Größen gibt es? Schauen Sie sich diese Grafiken an und machen Sie eine Liste!*

- *Warum werden Ihrer Meinung nach solche Grafiken überhaupt erstellt?*

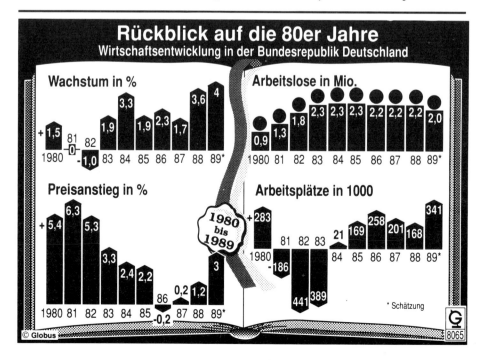

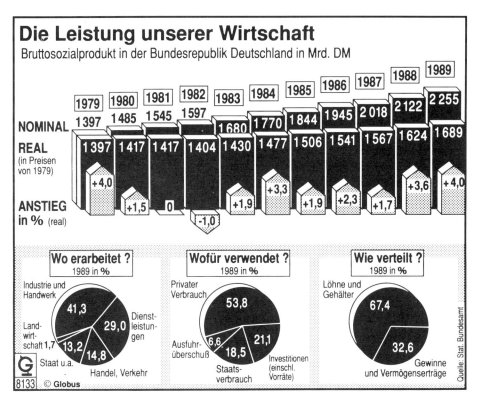

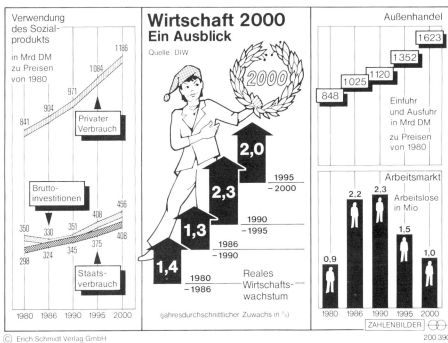

© Erich Schmidt Verlag GmbH

200 390

Lesen Sie jetzt weiter!

Bei dem Versuch, wirtschaftliche Sachverhalte zu erklären, verwendet man in der Volkswirtschaftslehre zwei Grundbegriffe: Gesamtwirtschaft und Einzelwirtschaft. Die Gesamtwirtschaft heißt so viel wie die Volkswirtschaft: Die Wirtschaft eines ganzen Landes. Diese Gesamtwirtschaft besteht aus einer Summe von Einzelwirtschaften, also von Betrieben, Haushalten, Unternehmen, usw.

Aufgabe

- *Nennen Sie weitere Beispiele für Einzelwirtschaften!*

Es hat sich gezeigt, daß die Gesamtwirtschaft mehr ist als eine bloße Zusammenfassung von Einzelwirtschaften. So wie ein Mensch als Mitglied einer Gruppe sich in dieser Gruppe anders verhält, als wenn er allein ist, so lassen sich auch bei einem Gesamtgebilde von Einzelwirtschaften eigene Gesetzmäßigkeiten erkennen. Wenn man dieses Gesamtgebilde untersucht, so spricht man von einer gesamtwirtschaftlichen oder makro-ökonomischen Betrachtung (Makro-Ökonomie). Wenn man hingegen die einzelnen Teile der Gesamtwirtschaft untersucht, also die Einzelwirtschaften, so spricht man von einer einzelwirtschaftlichen oder mikro-ökonomischen Betrachtung.

Fragen und Aufgaben

- *Erklären Sie den Unterschied zwischen Einzelwirtschaft und Gesamtwirtschaft.*
- *Warum kann man die Gesamtwirtschaft nicht als einen einfachen Zusammenschluß von vielen Einzelwirtschaften betrachten?*

Schriftliche Abschlußaufgabe

Verwenden Sie nun die Kenntnisse, die Sie durch diesen Artikel und die dazugehörenden Aufgaben erworben haben, um zu beschreiben, warum es von Vorteil ist, die Wirtschaft zu analysieren und zu untersuchen!

Zusatzaufgabe

Machen Sie eine Liste aller Wörter und Begriffe, die sie vorgefunden haben, und die mit der Wirtschaft zu tun haben! Schlagen Sie die Bedeutung nach oder entwerfen Sie jeweils eine Definition!

Das Konjunkturklima

VERÄNDERUNGEN DER WIRTSCHAFTSDATEN

Auf den nächsten zwei Seiten sehen Sie einen Bericht aus der Wirtschaftszeitschrift *WirtschaftsWoche*, die von Managern viel gelesen wird. Sie informiert über die aktuelle Wirtschaftslage in der Bundesrepublik und im Ausland.

Wie Sie sicherlich bemerken, wimmelt dieser Text von Fachausdrücken und Zahlen.
Versuchen Sie nicht, alle Fachausdrücke zu verstehen und alle Zusammenhänge zu erklären, sondern führen Sie die folgenden Aufgaben aus:

- *Untersuchen Sie den Text nur auf Ausdrücke, die* Veränderungen *der Wirtschaftsdaten anzeigen.*

- *Dann fertigen Sie eine Liste mit Ausdrücken an, die das* Steigen *und* Sinken *der wirtschaftlichen Größen anzeigen.*

- *Wenn Sie diese Aufgabe gelöst haben, ergänzen Sie diese Tabelle, indem Sie die Beispiele mit Hilfe der Ausdrücke, die Sie gefunden haben, umformulieren.*

	Bisherige Entwicklung	Prognose
PLUS	Die Arbeitslosenquote ist *um* 2% gestiegen	Die Arbeitslosenquote wird *um* 2% steigen ....
MINUS	Die Inflationsrate ist *von* 2% *auf* 1% gesunken	Die Inflationsrate wird *von* 2% *auf* 1% sinken ....
ZUSTAND	Die Zuwachsrate der Investitionen lag *bei* 2%	Die Zuwachsrate der Investitionen wird *bei* 2% liegen ....

■ ■ ■ TRENDS DER WOCHE ■ ■ ■ TRENDS DER WOCHE ■ ■ ■ TRENDS DER WOCHE ■ ■ ■

KONJUNKTUR *Inland*

Wachstum: Vom Daueraufschwung in die Hochkonjunktur

Wachstumsraten des Bruttosozialprodukts (reale Veränderungen gegenüber dem vergleichbaren Vorjahreszeitraum)
Quelle: Statistisches Bundesamt

SOZIALPRODUKT
Spitzenwert

Die deutsche Wirtschaft produziert wieder Wachstumsraten wie zu Zeiten des Wirtschaftswunders. Die reale Steigerung des Bruttosozialprodukts von 4,6 Prozent für Januar bis Juni 1989 gegenüber dem vergleichbaren Vorjahreszeitraum steht an 11. Stelle aller Halbjahresergebnisse der Bundesrepublik. Höhere Steigerungsraten gab es zuletzt 1976 mit einem realen Zuwachs von 6,2 im ersten und 5,0 Prozent im zweiten Halbjahr. Das Bundeswirtschaftsministerium sieht nun gute Chancen für ein Wachstum von vier Prozent im Jahresverlauf. Im Januar traute es der Wirtschaft nur ein bescheidenes Plus von 2,5 Prozent zu.

PRIVATE HAUSHALTE Mehr Konsum

Die Konsumausgaben in der Bundesrepublik wachsen stärker als das verfügbare Einkommen der privaten Haushalte. Nominell lagen die verfügbaren Einkommen im ersten Halbjahr 1989 um rund 4,5 Prozent über dem vergleichbaren Vorjahreszeitraum. Für Konsumgüter gaben die Deutschen aber rund fünf Prozent mehr aus. Finanziert wird das Konsumniveau durch verringerte Ersparnis: Im zweiten Quartal 1989 lag die Sparquote um fast einen Prozentpunkt niedriger als Ende 1988.

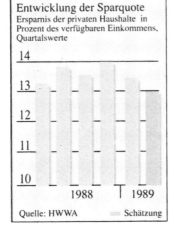

Entwicklung der Sparquote
Ersparnis der privaten Haushalte in Prozent des verfügbaren Einkommens, Quartalswerte
Quelle: HWWA   Schätzung

FINANZPOLITIK Lob für Stoltenberg

Eine positive Bilanz der sechseinhalbjährigen Amtszeit Gerhard Stoltenbergs als Bundesfinanzminister hat der Bochumer Wirtschaftswissenschaftler Ulrich van Suntum gezogen. Stoltenberg, seit April Verteidigungsminister, sei es gelungen, ohne massiven Sozialabbau Staatsquote und Abgabenbelastung zu senken. Der Anteil des staatlichen Gesamtdefizits am nominalen Produktionspotential schrumpfte von 3,7 Prozent 1982 auf knapp zwei Prozent im vergangenen Jahr.

Entwicklung des Haushaltsdefizits des Bundes und der Gewinnüberweisung durch die Deutsche Bundesbank
*Soll; ** Entwurf
Quelle: Deutsche Bundesbank, Bundesfinanzministerium, Sachverständigenrat

Industriekonjunktur Hohe Auftragsbestände lassen die Produktion weiter steigen

		■	■
Industrieproduktion[1]), 1980 = 100	113,6 (Juli)	+ 0,3	+ 7,6
Aufträge Industrie[1])[2]), 1980 = 100	125,2 (Juni)	+ 1,8	+ 7,3
GfK-Konsumklima, 1980 = 100	100,3 (Juli)	+ 0,2	+ 0,8
Exporte in Prozent der Importe[3])	125,9 (Juli)	– 2,9	– 3,7
Direktinvestitionen[4])	–2733 (Juni)	–187,1	+42,4
Erwerbstätige[5])	27720 (Juli)	+ 0,3	+ 1,3
Arbeitslosenquote	7,5 (Aug.)	– 2,6	–11,8
Lebenshaltungskosten, 1980 = 100	126,1 (Aug.)	– 0,1	+ 2,9
Erzeugerpreise, 1980 = 100	121,2 (Juli)	+ 0,1	+ 3,0
Außenwert der Mark[6]), 1980 = 100	115,7 (Juli)	+ 0,9	± 0,0
Geldmenge M 3, 1980 = 100	172,2 (Juli)	+ 0,7	+ 5,8

Veränderung wichtiger Indikatoren der deutschen Wirtschaft (in Prozent)
■ gegenüber Vormonat ■ gegenüber Vorjahresmonat
[1]) verarbeitendes Gewerbe, saisonbereinigt   [2]) preisbereinigt   [3]) Waren
[4]) deutsche Direktinvestitionen im Ausland abzüglich ausländischer Direktinvestitionen in der Bundesrepublik in Milliarden Mark   [5]) in Tausend
[6]) gegenüber 14 Industrieländern   Quelle: DRI Europe, Frankfurt

ARBEITSMARKT Im Sog der Konjunktur

Der positive Trend auf dem Arbeitsmarkt hält an. Die Zahl der Arbeitslosen ging im August im Vergleich zum entsprechenden Vorjahresmonat um 227 000 zurück. Die Wirtschaft meldete 200 300 freie Stellen – 28 100 oder 16 Prozent mehr als im August 1988. Drastisch gestiegen ist allerdings die Zahl der Kurzarbeiter. Sie erhöhte sich gegenüber Juli um 47 800 auf 80 500. Der Grund: Im Steinkohlenbergbau wurden wieder in größerem Umfang Feierschichten eingelegt. Dennoch liegt die Zahl der Kurzarbeiter um 40 Prozent niedriger als im August des vergangenen Jahres.

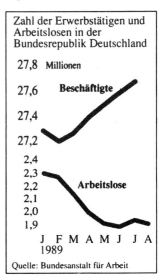

Zahl der Erwerbstätigen und Arbeitslosen in der Bundesrepublik Deutschland
Quelle: Bundesanstalt für Arbeit

■■■ TRENDS DER WOCHE ■■■ TRENDS DER WOCHE ■■■ TRENDS DER WOCHE ■■■

KONJUNKTUR *Ausland*

Geschäftsklima Schlechte Stimmung in der britischen Wirtschaft

	Frankreich	Großbritannien	Italien	Niederlande	Belgien	Spanien
Industrieproduktion 1980 = 100 (saisonbereinigt)	111,0 (Juni)	122,4 (Juni)	113,2 (Juni)	108,0 (Juni)	101,5 (Mai)	120,1 (Mai)
	+0,9 **+ 4,7**	−0,7 **+ 4,6**	+1,4 **+ 3,2**	−0,9 **+ 1,9**	+1,8 **+ 2,3**	−1,8 **+ 4,1**
Geschäftsklima (Saldo aus pos. und neg. Erwartungen, Veränderung in Prozentpunkten, Quelle: EG)	+12,0 (Juni)	−2,0 (Juni)	+6,0 (Juni)	+2,0 (Juni)	+4,0 (Juni)	−
	+4,0 **+10,0**	−1,0 **−17,0**	−4,0 **± 0,0**	−1,0 **+ 4,0**	+2,0 **+ 6,0**	− −
Lebenshaltungskosten 1980 = 100	178,6 (Juli)	172,8 (Juli)	238,8 (Juni)	124,5 (Juli)	151,6 (Aug.)	229,5 (Juli)
	+0,3 **+ 3,5**	+0,1 **+ 8,2**	+0,4 **+ 6,5**	+0,3 **+ 1,1**	+0,3 **+ 3,2**	+1,6 **+ 7,4**
Exporte in Prozent der Importe (Waren)	97,4 (Juni)	75,8 (Juli)	96,3 (Juni)	98,5 (Juni)	103,9 (März)	60,3 (Juli)
	+7,2 **− 1,4**	−5,7 **+ 4,8**	+8,5 **+ 2,3**	−7,3 **− 0,6**	−2,3 **+ 4,2**	+1,2 **−15,0**
Arbeitslosenquote	10,0 (Juni)	6,2 (Juli)	16,6 (Mai)	6,1 (Mai)	10,6 (Aug.)	17,6 (Mai)
	+1,0 **− 1,0**	+1,6 **−23,5**	−1,2 **+ 1,8**	−3,2 **− 7,6**	+3,9 **− 8,6**	−3,0 **−11,8**
Geldmenge M 3 1980 = 100 (Belgien: M1, Niederlande: M2)	212,8 (Juni)	454,5 (Juli)	262,7 (Juni)	201,5 (Mai)	144,0 (März)	250,0 (Juni)
	+1,0 **+ 7,7**	−0,3 **+30,4**	+1,8 **+10,4**	+3,4 **+12,0**	+1,6 **+ 3,3**	+3,6 **+11,8**

Veränderung wichtiger Indikatoren von Ländern der Europäischen Gemeinschaft (in Prozent): ▨ gegenüber Vormonat; ■ gegenüber Vorjahresmonat; Quelle: DRI Europe, Frankfurt

SÜDAFRIKA Außenhandel floriert

Die Bundesrepublik Deutschland hat Japan als Haupthandelspartner Südafrikas abgelöst. Das Handelsvolumen zwischen beiden Staaten betrug im vergangenen Jahr mehr als 4,9 Milliarden Dollar, eine Steigerung von gut 33 Prozent gegenüber 1987. Dabei kaufte Südafrika für 3,3 Milliarden Mark Waren made in Germany. Der Wachstumstrend hat sich auch in diesem Jahr fortgesetzt. Das Handelsvolumen im ersten Quartal lag um 26 Prozent über dem vergleichbaren Vorjahreszeitraum.

Südafrikas Haupthandelspartner 1988
Handelsvolumen in Milliarden Dollar

Bundesrepublik Deutschland

Japan

Großbritannien

USA

Italien

Frankreich

Quelle: IWF

USA Kritik an Japans Exporten

Die US-Regierung verhandelt wieder einmal mit Japan über das anhaltende Ungleichgewicht im Handel zwischen beiden Ländern. Die USA kauften im ersten Halbjahr 1989 für mehr als 40 Milliarden Dollar in Japan, exportierten dorthin aber nur für gut 20 Milliarden Dollar. Die Japaner empfehlen den Amerikanern, mehr in den Produktivitätsfortschritt zu investieren. US-Staatssekretär Richard T. McCormack beklagte die japanischen Wirtschaftsgesetze, die Importeure diskriminierten.

Entwicklung des Defizits der USA im Handel mit Japan
(in Milliarden Dollar)
1980 81 82 83 84 85 86 87 88 89*

* 1. Halbjahr
Quelle: US-Handelsministerium

Arbeitslosigkeit Die amerikanische Wirtschaft ist weiter auf Vollbeschäftigungskurs

	USA	Japan	EG
Industrieproduktion 1980 = 100 (saisonbereinigt)	130,5 (Juli)	140,5 (Juli)	110,4 (März)
	+0,2 **+2,7**	−2,1 **+6,1**	−0,6 **+3,2**
Lebenshaltungskosten 1980 = 100	151,1 (Juli)	118,9 (Aug.)	116,0 (Mai)
	+0,2 **+5,0**	−0,3 **+2,4**	+0,3 **+5,4**
Exporte in Prozent der Importe (Waren)	74,3 (Juni)	130,4 (Juni)	98,3 (April)
	+1,2 **+11,2**	+7,6 **−4,8**	−0,5 **−2,8**
Arbeitslosenquote	5,0 (Aug.)	2,1 (Juli)	9,3 (Juni)
	−5,7 **−5,7**	0,0 **−12,5**	0,0 **−7,9**
Zinsen (Laufzeit 10 Jahre) (Umlaufsrendite festverzinslicher Wertpapiere, EG: Ecu-Anleihen)	8,3 (Aug.)	5,2 (Juli)	9,3 (Sept.)
	+0,9 **−11,5**	+1,2 **+3,0**	+0,3 **+9,2**
Geldmenge M 3 1980 = 100	211,3 (Juli)	221,9 (Juni)	245,0 (Mai)
	+0,8 **+4,3**	+2,0 **+9,7**	+0,7 **+10,9**

Veränderung wichtiger Indikatoren der USA, Japans und der EG (in Prozent) ▨ gegenüber Vormonat; ■ gegenüber Vorjahresmonat; Quelle: DRI Europe, Frankfurt

UDSSR Krisenstimmung

Die Krise in der sowjetischen Wirtschaft wird wohl noch ernster werden. Das Wachstum des produzierten Nationaleinkommens lag im ersten Halbjahr mit 2,5 Prozent klar unter der Planvorgabe von 4,2 Prozent.

Abweichung von der wirtschaftlichen Entwicklung der UdSSR von den gesetzten Planzielen*	geplant	tatsächlich
Beschäftigung	0,5	0,0
Produziertes Nationaleinkommen	4,2	3,6
Industrieproduktion	4,6	4,2
Arbeitsproduktivität	4,2	3,8

*durchschnittliche jährliche Zunahme (in Prozent) im Fünfjahresplan von 1986 und tatsächliche Entwicklung 1986 bis 1988
Quelle: DIW

Vokabel-Tip

Haben sie den Unterschied bemerkt zwischen Verben wie

steigen
und   steigern?

z.B.   Die Investitionen steigen.
aber   Man steigert die Investitionen.

Grammatikalisch nennt man steigen ein intransitives Verb, steigern wird
als transitives Verb bezeichnet.
Suchen Sie ähnliche Beispiele, und machen Sie eine Liste!

Extra-Tip

Achten Sie auf die Vergangenheitsformen dieser Verben!

Wie würden Sie nun die folgenden Sachverhalte ausdrücken? Verwenden
Sie dabei die Zeitangaben in Klammern.

Der Export . . .	+15%	(bis 1995)
Der Import . . .	−8,7%	(1989)
Die Zahl der Erwerbstätigen . . .	+154000	(im nächsten Jahr)
Die Inflation . . .	−0,7%	(im letzten Jahr)
Die Investitionen . . .	+5%	'(in diesem Jahr)

Marktanteile der Schokoladenhersteller in Prozent:

	1990	1991
Mars	23,2	25,9
Suchard	16,8	11,3
Rowntree	3,1	11,5
Nestlé	8,0	8,0

DAS KONJUNKTURKLIMA

Hier sehen Sie einen Konjunkturbericht, der Ende der achtziger Jahre von
bundesdeutschen Wirtschaftswissenschaftlern erstellt wurde. Finden Sie
Antworten auf folgende Fragen:

- *Wie hat sich die Arbeitslosigkeit in der Bundesrepublik entwickelt?*

- *Hat der Export zu- oder abgenommen?*

- *Ist im vergangenen Jahr das BSP gestiegen oder gefallen? Um wieviel
  Prozent?*

- *Wie hoch war die Inflationsrate?*

- *Welche Prognosen werden für das kommende Jahr angestellt in
  Hinblick auf   Export?
                 Inflation?
                 BSP?
                 Arbeitslosigkeit?
                 Investitionsneigung?*

- *Vergleichen Sie die Prognose für das kommende Jahr mit den Ist-
  Zahlen des Sommers!*

So war das letzte Jahr

Mit einem Wachstum des Bruttosozialproduktes von 1,7% hat sich das Wirtschaftswachstum gegenüber dem Vorjahr um fast 1% abgeschwächt. Verantwortlich dafür waren u.a. die Währungs- und Börsenturbulenzen. Wie im vergangenen Jahr stützte der private Verbrauch die Konjunktur, der um 3% zunahm. Die Preise stiegen nur um 0,2%, so daß man von Preisniveaustabilität sprechen kann. Durch den starken Wertverlust des Dollars gingen die Exporte vor allem in die USA zurück. Die Investitionsneigung der Unternehmen hat sich gegenüber dem Vorjahr nicht verändert; sie verblieb weiterhin auf einem relativ niedrigen Niveau. Da die Investitionen zu 30% Rationalisierungsinvestitionen waren, ist keine Änderung auf dem Arbeitsmarkt eingetreten. Die Arbeitslosenquote war mit 8,9% weiterhin zu hoch.

So wird das kommende Jahr

Im Jahreswirtschaftsbericht rechnet die Bundesregierung mit einem Wirtschaftswachstum von 1,5 bis 2%. Unabhängige Forschungsinstitute sind vorsichtiger: Sie sagen bestenfalls ein Plus von 1 bis 1,5% voraus. Bezüglich des Preisanstiegs prognostiziert die Bundesregierung eine Steigerung von 1%. Die Entwicklung auf dem Arbeitsmarkt schätzt sie auch für nächstes Jahr nicht positiv ein: Es wird mit einer Arbeitslosenquote von 9% gerechnet. Nach Aussage der wichtigsten Industrie- und Handelskammern der Bundesrepublik wird sich die Investitionsneigung der Unternehmer gegenüber dem Vorjahr nicht verändern. Es wird eine weitere Abschwächung der Exporttätigkeit aufgrund der Dollarschwäche vermutet.

Der Ist-Zustand in diesem Sommer

Die Konjunktur entwickelte sich weitaus besser als vor 10 Monaten angenommen. So ist im ersten Halbjahr das BSP um 4% gestiegen – das beste Ergebnis seit Ende der 70er Jahre. Dieser Aufschwung wurde nicht nur vom privaten Verbrauch getragen, sondern auch durch eine beflügelte Exporttätigkeit. Auch die Investitionen sind sprunghaft angestiegen – um 11%; einen derart kräftigen Zuwachs hat es seit Mitte der 60er Jahre nicht mehr gegeben. Aus diesem Grunde hat sich die Situation auf dem Arbeitsmarkt verbessert: Trotz einer nur geringfügig gesunkenen Arbeitslosenquote wurden viele neue Stellen geschaffen. Allerdings liegt die Inflationsrate mit +1,4% bereits über der prognostizierten Marke von +1%.

Zusatzaufgabe

Schauen Sie sich die Grafik an. Welches Verhältnis besteht zwischen Bruttosozialprodukt, Inflationsrate, und Arbeitslosenquote?

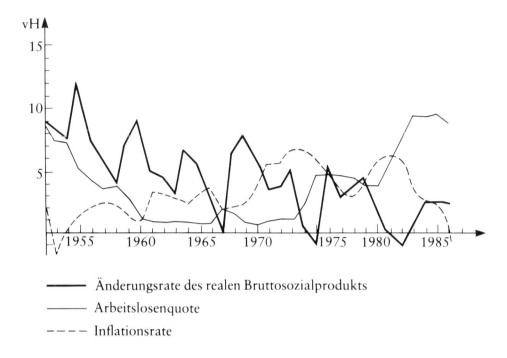

——— Änderungsrate des realen Bruttosozialprodukts

——— Arbeitslosenquote

– – – Inflationsrate

Jetzt folgt ein Spiel. Es heißt **das Konjunkturspiel.**

KONJUNKTURSPIEL

Welches Land bietet mehr?

Suchen Sie sich ein Land aus, für das Sie sich interessieren. Erfinden Sie die wirtschaftlichen Daten (oder suchen Sie die aktuellsten wirklichen Daten) und tragen Sie diese in die nachfolgende Tabelle ein. Dann tauschen Sie die Tabellen untereinander aus.

LAND . . . .
Datum des Berichts . . . ./ . . . ./ . . . .

Ist-Zustand

BSP . . . .

Arbeitslosigkeit . . . .

Investition . . . .

Export . . . .

Inflation . . . .

Anderes . . . .
. . . .
. . . .
. . . .

> *Prognose für das Jahr* ....
>
> BSP ....
>
> Arbeitslosigkeit ....
>
> Investition ....
>
> Export ....
>
> Inflation ....
>
> Anderes ....
> ....
> ....
> ....

Stellen Sie jetzt Ihr Land mit Hilfe der Tabelle, die Sie bekommen haben, mündlich vor.
Versuchen Sie dann, durch Diskussion folgendes herauszufinden:

- *Welches Land hat die beste Konjunktur?*
- *Welches Land hat die schwächste Konjunktur?*
- *Welches Land wäre attraktiv für*   *Unternehmer?*
  Arbeitnehmer?
  Geldanleger?

Zusatzaufgabe

Verfassen Sie eine kurze Zeitungsnotiz über die konjunkturelle Situation und Zukunft Ihres Landes.

INDUSTRIEBRANCHEN IN DER BUNDESREPUBLIK

Auf der nächsten Seite sehen Sie die Aussagen bedeutender Vertreter der Industriebranchen Einzelhandel, Elektro, Automobile, Handwerk und Touristik zu der wirtschaftlichen Entwicklung für das Jahr 1989. Diese Prognosen wurden im Januar 1989 erstellt.
Stellen Sie zuerst fest, welche Aussage zu welcher Branche gehört. Führen Sie dann die folgenden Aufgaben aus.

Aufgaben

- *Bilden Sie fünf Gruppen. Jede Gruppe nimmt eine Branche und analysiert den Bericht dazu. Beantworten Sie dabei folgende Fragen:*
  - *Welche Prognosen zur allgemeinen Entwicklung der deutschen Wirtschaft werden in dem Bericht genannt?*
  - *Welche Chancen bestehen für die Branche?*
  - *Welche Risiken bestehen für die Branche?*
  Jede Gruppe stellt dann ihre Ergebnisse der Gesamtgruppe vor.

- *Besprechen Sie dann in der Gesamtgruppe, welche Branche für das Jahr 1989 am vielversprechendsten erscheint. Versuchen Sie, durch Abstimmung eine Rangfolge zu erstellen.*

Walter Deuss
Vorstandsvorsitzender
der Karstadt AG

Karlheinz Kaske
Vorstandsvorsitzender
der Siemens AG

Carl Hahn
Vorstandsvorsitzender
Volkswagen AG

Heribert Späth
Präsident des
Zentralverbandes des
Deutschen Handwerks

Paul Lepach
Sprecher des
Vorstandes der Touristik
Union International (TUI)

Risiken 1989

Trotz der als günstig einzuschätzenden gesamtwirtschaftlichen Rahmenbedingungen bestehen für den Einzelhandel Risiken. Die Erhöhung der Verbrauchssteuern – insbesondere für Benzin und Heizöl –, die Kostenerhöhung im Zusammenhang mit der Gesundheitsreform sowie eine leicht beschleunigte Teuerung werden nicht nur Kaufkraft abschöpfen, sondern möglicherweise auch die Kaufbereitschaft dämpfen. Hinzu kommt, daß der Spielraum für die tariflichen Lohnzuschläge durch die Arbeitszeitverkürzungen eingeengt wird, die verfügbaren Einkommen also nur moderat zulegen können.

Risiken sehe ich für 1989 hauptsächlich im außenwirtschaftlichen Bereich. Hier stellt sich vor allem die Frage, was die neue Administration in den USA tun wird. Setzt sie keine deutlicheren Zeichen zum Abbau des Budgetdefizits, sind eine weitere Dollarabwertung und steigende Zinsen nicht auszuschließen. Beides würde sich ungünstig auf die internationale Wirtschaftsentwicklung auswirken, insbesondere dann, wenn es zu weiteren protektionistischen Maßnahmen käme. Hiervon würde auch die deutsche Elektroindustrie betroffen sein, da sie über die Hälfte ihrer Produktion im Ausland absetzt.

Die Ungleichgewichte im Außenhandel zwischen den USA, Japan und Europa bestehen fort. Hieraus resultieren instabile Devisenmärkte mit entsprechenden Risiken für die Unternehmen. Negative Folgen für den Automobilexport – insbesondere in die USA – können nicht ausgeschlossen werden. Immer latent ist auch die Versuchung, dem verschärften Wettbewerb durch Handelshemmnisse zu begegnen. Wie man am Beispiel USA ferner sehen kann, wird der Wettbewerb auf den Automobilmärkten künftig vor allem über den Preis ausgetragen. Programme zur Senkung der Kosten und Steigerung der Produktivität gewinnen vor diesem Hintergrund strategische Bedeutung.

Weit über 50 000 Lehrstellen konnten 1988 nicht besetzt werden. Der Nachwuchsmangel und ein ständig um sich greifender Fachkräftemangel bremsen Beschäftigung und Wachstum im Handwerk. Risiken liegen für die 600 000 Betriebe mit ihren vier Millionen Beschäftigten, die 1988 ihre Umsätze überdurchschnittlich steigern konnten, vor allem auch in dem sich ständig verschärfenden Wettbewerb, der überbordenden Bürokratie, den Unsicherheiten beim Dollarkurs und im Energiebereich.

Gefährdet werden kann die weitere positive Entwicklung der Urlaubsreise durch Streiks in Urlaubsländern, durch Umweltprobleme und Unruhen in wichtigen Urlaubsregionen. Allerdings werden derartige Störungen nicht den Gesamtmarkt beeinflussen, sondern lediglich Urlaubsströme umlenken. Hier liegt vor allem eine Gefahr für deutsche Urlaubsgebiete. Wenn es im kommenden Jahr nicht gelingt, den europäischen Flugverkehr möglichst reibungslos abzuwickeln, besteht außerdem das Risiko, daß der deutsche Urlauber die Ferienflugreise nicht mehr mit den Attributen bequem, schnell und sicher belegt, sondern das gute Image Schaden erleidet.

Chancen 1989

Es kann als gesichert gelten, daß die Wirtschaft ihren Aufwärtstrend beibehält: Die leicht abgeschwächte, aber dennoch lebhafte Exporttätigkeit, die zunehmende Investitionsneigung und die nach wie vor günstige Zinssituation sorgen für nachhaltige Wachstumsimpulse. Bei hoher Auslastung der industriellen Kapazitäten wird auch die Beschäftigung zunehmen, allerdings ohne die weitgehend strukturbedingte Arbeitslosigkeit spürbar zu reduzieren. Die materiellen Voraussetzungen für eine positive Entwicklung des privaten Verbrauchs dürften im großen und ganzen gegeben sein.

Der Wachstumsprozeß hat dadurch, daß 1988 die Investitionen nach längerer Zeit wieder zum entscheidenden Wachstumsträger geworden sind, eine »neue Qualität« bekommen. Ein weiterer Grund zum Optimismus liegt in der Tatsache, daß Europa gegenüber den anderen Industrieländern keinen Rückstand im Wachstumstempo mehr aufweist. Dieser neue wirtschaftliche Schwung, der auch mit auf die Vorbereitung auf »Europa '92« zurückzuführen ist, wird sich möglicherweise in den Folgejahren fortsetzen. Das schafft günstige Perspektiven für die deutsche elektrotechnische und elektronische Industrie: Sie stellt überwiegend Investitionsgüter her und besitzt in Europa ihren wichtigsten Markt.

Am Beispiel der Bundesrepublik zeigt sich, wozu neue Herausforderungen führen: Sie lösen Wachstumsimpulse aus, wenn sie als Chance begriffen werden. So sind neben dem Export in unserem Land die Ausrüstungsinvestitionen Träger des Wirtschaftswachstums. Die Impulse gehen dabei von dem erwarteten wirtschaftlichen Umfeld der neunziger Jahre aus. Es wird durch die Vollendung des europäischen Binnenmarkts, durch eine höhere Wettbewerbsintensität, durch Steuerentlastungen und Technologieschübe mit besonderen Wachstumschancen für die Spitzenreiter gekennzeichnet sein.

Der wachsende Wunsch nach individuellen Produkten und Dienstleistungen, steigende Qualitätsansprüche, eine zunehmende Arbeitsteilung mit der Industrie und nicht zuletzt die neuen Technologien eröffnen dem Handwerk Chancen und Möglichkeiten. Die sprichwörtliche Flexibilität des Handwerks, seine Dynamik und Kreativität sind die Grundlage dafür, daß die Chancen auch genutzt werden. Insbesondere bestehen zukunftsträchtige Wachstums- und Betätigungsmöglichkeiten im Bereich der neuen Medien, beim Umweltschutz, bei der Energieeinsparung sowie bei der Baumodernisierung und Bausanierung.

Die Reisepreise für den Sommer 1989 werden vielfach niedriger sein. Die TUI geht daher davon aus, daß es ein Wachstum des Reiseveranstalter-Marktes von drei Prozent geben wird. Jene, die es verstehen, gediegene Qualität zu günstigen Preisen anzubieten, werden noch etwas besser dastehen. Besonders große Chancen unter den Urlaubsländern haben nach unserer Ansicht Spanien, Griechenland und die Türkei, weil dort das Preis-Leistungs-Verhältnis sehr ausgewogen ist.

So wird 1989

Auch wenn der Konjunkturverlauf etwas an Dynamik verliert und sich die Einkommensverbesserungen in Grenzen halten, gibt es für eine gravierende Veränderung des Verbraucherverhaltens keinen Anlaß, zumal die Preissteigerungen insgesamt gesehen kaum ins Gewicht fallen werden. Gleichwohl dürfte der private Verbrauch nur dann nennenswert zunehmen, wenn weniger gespart wird. Vom Einzelhandel werden neben Angeboten mit hoher Qualität und vorteilhaften Preisen vermehrt Anregungen zur Verbesserung der individuellen Lebensqualität und der servicemäßigen Betreuung erwartet.

Möglicherweise wird die konjunkturelle Schwungkraft etwas nachlassen, ohne daß sich aber die Rahmenbedingungen spürbar verschlechtern dürften. Für die deutsche Elektroindustrie leite ich hieraus die Erwartung ab, daß sie ihre Produktion weiter auf hohem Niveau halten kann, wenn auch nicht mit dem 1988 erreichten Zuwachs von etwa sechs Prozent. Dabei dürfte das Wachstum bei den Investitionsgütern höher ausfallen als bei den Gebrauchsgütern. Um die sich bietenden Chancen zu nutzen, sind jedoch weitere Anstrengungen zur Sicherung der Wettbewerbsfähigkeit erforderlich.

Für die Bundesrepublik kann eine Pkw-Produktion von 4,2 Millionen Wagen angenommen werden, nach knapp 4,3 Millionen im abgelaufenen Jahr. Nutzfahrzeuge profitieren bereits deutlich von der starken Investitionsneigung in Westeuropa. Volkswagen, Audi und Seat werden ihre Verkäufe 1989 über den Stand dieses Jahres von 2,8 Millionen Wagen steigern. Denn die neuen Modelle, die wir 1988 mit dem Passat, dem Corrado, dem Audi V8 und dem neuen Audi-Coupé eingeführt haben, stehen erst im neuen Jahr in vollem Umfang in den vom Markt gewünschten Stückzahlen zur Verfügung.

Die weltpolitischen und weltwirtschaftlichen Voraussetzungen sind besser denn je. Ein florierender Export, eine unverändert gute Auftragslage im Investitionsgüterbereich, insbesondere auch in den Bau- und baunahen Handwerkszweigen sowie eine kaum nachlassende Konsumfreudigkeit weisen auf weiteres Wachstum und gute Beschäftigung hin. Die Stimmung der Unternehmen ist gut – trotz der sich verschärfenden Wettbewerbssituation, der hohen Kostenbelastungen, der nicht zufriedenstellenden Ertragslage und der unvermindert wachsenden Schwarzarbeit.

1989 wird ein Jahr der Urlauber. Der Konkurrenzkampf auf dem deutschen Markt ist sehr scharf. Davon profitiert der Gast. Der niedrige Dollarkurs und günstige Flugpreise werden eine Renaissance der Fernreisen ermöglichen, denn Arrangements zu exotischen Zielen werden zum Teil erheblich billiger. Mexiko oder die Karibik zum Beispiel sind daher für noch breitere Bevölkerungsschichten erschwinglich. 1989 wird aber auch ein weiteres Jahr der Vorbereitungen auf den Binnenmarkt Europa. Wir hoffen dabei, daß die deutschen Reiseveranstalter nicht durch die scharfe deutsche Kartellgesetzgebung ins Hintertreffen geraten.

- *Stellen Sie sich nun vor, es sei Januar 1989. Sie arbeiten für Deka Finanz, eine Firma, die bei privater Investitionsplanung berät. Eine Kundin erwägt die möglichen Vor- und Nachteile einer Investition in die deutsche Industrie, und bittet Sie brieflich um folgende Auskunft:*

  - *Wie stehen die Chancen für die deutsche Industrie im kommenden Jahr?*
  - *Welche Branche wird voraussichtlich am gewinnträchtigsten sein?*

- *Schreiben Sie einen Brief, in dem Sie die allgemeinen Perspektiven für 1989 darlegen und eine bestimmte Branche empfehlen. Nennen Sie Gründe für Ihre Empfehlung!*
  Diesen Musterbrief können Sie als Vorlage nehmen.

Petra Hildesheimer   Erlangen, 08.01.89
Investitionsberaterin
Deka Finanz
Hauptstraße 14
8520 Erlangen
Tel. (09 131) 5 80 21

Frau
Christiane Rother
Kaiserplatz 3

7800 Freiburg

Investition in die deutsche Industrie

Sehr geehrte Frau Rother,

in Beantwortung Ihrer Anfrage vom 2. Januar 1989, möchte ich Ihnen
mitteilen, daß . . . .
. . . .
. . . .
. . . .

Ich hoffe, daß ich Ihre Frage zu Ihrer Zufriedenheit beantwortet habe.

Mit freundlichen Grüßen

Weitere Möglichkeiten:

Sehr geehrte Damen und Herren, / Sehr geehrter Herr Pankow,

vielen Dank für Ihren Brief vom . . . , in dem Sie anfragen, ob . . . .
. . . .

Ich würde mich freuen, wenn Sie an einer Zusammenarbeit mit uns in der
Zukunft interessiert wären.

Mit bestem Gruß

Steuern

BEIM FINANZAMT

Beim Finanzamt, wo man seine Steuern bezahlt, kann es ganz schön verwirrend zugehen, wie das Bild zeigt.

Wir wollen nicht alle Einzelheiten des Steuerwesens erklären, sondern die Grundbegriffe und die wesentlichen Elemente des Steuerwesens bearbeiten.

Versuchen wir als erstes, den Begriff *Steuer* zu erläutern.

DEFINITION DER STEUER

Als Student oder Studentin haben Sie wahrscheinlich bisher nur ausnahmsweise Steuern bezahlt. Wenn Sie aber mit anderen Studenten und Studentinnen zusammenwohnen, haben Sie vielleicht auf ähnliche Weise für die Gemeinschaft Geld in eine gemeinsame Kasse gezahlt. Nehmen wir eine fiktive Wohngemeinschaft als Beispiel.

WOHNGEMEINSCHAFT IN DER GEBBERTSTRASSE 20

JÖRG *arbeitet bei der Sparkasse und verdient DM 2800 im Monat.*

ANDREA *ist Studentin und hat durch Jobben und einen Zuschuß von ihren Eltern im Monat DM 850 zur Verfügung.*

TINA *ist Gärtnerlehrling. Mit einem Zuschuß von den Eltern kommt sie auf DM 1200 im Monat. Tina ist unverheiratet, hat aber ein einjähriges Kind, das auch in der Gebbertstraße 20 wohnt.*

KLAUS *ist Student und wird mit DM 700 monatlich von den Eltern unterstützt.*

HELGA *ist Krankenpflegerin und verdient DM 2000 im Monat.*

Helga und Klaus sind verheiratet.

Jörg, Andrea, Tina, Klaus und Helga zahlen alle *DM 50* wöchentlich in eine gemeinsame Haushaltskasse. Aus der Kasse werden folgende Einkäufe bezahlt: Grundnahrungsmittel, Putzmittel und das Abonnement einer Tageszeitung.

Auf ähnliche (aber ungleich kompliziertere) Weise werden die Finanzen eines ganzen Landes geregelt. Nehmen wir hierfür als Beispiel die Bundesrepublik Deutschland.

DIE BUNDESREPUBLIK DEUTSCHLAND

Die Bürger und Bürgerinnen der Bundesrepublik Deutschland zahlen Steuern an den Staat. Den Tabellen können Sie entnehmen

● wieviel man bezahlen muß

● wofür das Geld ausgegeben wird

Geteilter Steuertarif Aufbau des Einkommensteuertarifs 1990			
I	**II**	**III**	**IV**
Nullzone Steuerfrei bleiben:	**Untere Proportional-zone** Einem gleichbleibenden Steuersatz unterliegen:	**Progressionszone** Einem steigenden Steuersatz unterliegen:	**Obere Proportional-zone** Einem gleichbleibenden Steuersatz unterliegen:
Ledige bis 5 616 DM	**Ledige** mit 5 617 bis 8 150 DM	**Steuersatz 19 bis 53%**	**Steuersatz 53%**
Verheiratete bis 11 232 DM Jahreseinkommen*	**Verheiratete** mit 11 233 bis 16 300 DM Jahreseinkommen*	**Ledige** mit 8 151 bis 120 002 DM	**Ledige** ab 120 002 DM
	Steuersatz 19%	**Verheiratete** mit 16 301 bis 240 005 DM	**Verheiratete** ab 240 005 DM
Steuerfrei		Jahreseinkommen*	Jahreseinkommen*
* nach Abzug aller Freibeträge und Pauschalen			

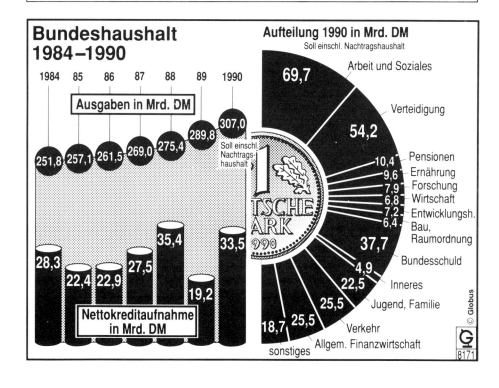

Aufgabe

Vergleichen Sie nun die Finanzen der Wohngemeinschaft in der Gebbertstraße 20 mit dem Steuerwesen der Bundesrepublik Deutschland. Um diesen Vergleich zu ziehen, beantworten Sie bitte mündlich folgende Fragen:

- *Wer bezahlt und wer bezahlt nicht in jedem Fall?*
- *Wie ist das Verhältnis zwischen dem Einkommen des Zahlers und dem Betrag, der bezahlt werden muß?*
- *Was passiert, wenn man sich weigert zu zahlen?*
- *Inwieweit kann der Zahler bestimmen, was mit den bezahlten Geldern gekauft bzw. finanziert wird?*
- *Warum einigt man sich, Ausgaben aus einer gemeinsamen Kasse zu bezahlen?*
- *Welche anderen Unterschiede und Gemeinsamkeiten bestehen zwischen den beiden Fällen?*

Versuchen Sie jetzt anhand der Informationen, die Sie durch Ihre Antworten gewonnen haben, eine schriftliche Erklärung des Begriffs 'Steuern' zu entwerfen!
Wenn Sie wollen, können Sie die nachfolgende gesetzliche Definition der Steuern zur Hilfe nehmen. Beachten Sie bitte, daß Ihre Version deutlicher und umfassender sein sollte als die etwas knappe und komplizierte gesetzliche!

§ 3 Steuern, steuerliche Nebenleistungen

(1) Steuern sind Geldleistungen, die nicht eine Gegenleistung für eine besondere Leistung darstellen und von einem öffentlich-rechtlichen Gemeinwesen zur Erzielung von Einnahmen allen auferlegt werden, bei denen der Tatbestand zutrifft, an den das Gesetz die Leistungspflicht knüpft; die Erzielung von Einnahmen kann Nebenzweck sein. Zölle und Abschöpfungen sind Steuern im Sinne dieses Gesetzes.

Vokabel-Tip

die Steuer (n) = Geld, das man an den Staat bezahlt
das Steuer (-) = das Lenkrad, z.B. eines Autos

brutto = *vor* Abzug der Steuern
netto = *nach* Abzug der Steuern
Beispiel: Jörg verdient im Monat DM 2800 brutto, aber nur DM 2200 netto.

EINTEILUNG DER STEUERN

Nachdem Sie den Begriff *Steuern* umfassend erklärt haben, wollen wir uns nun den verschiedenen bundesdeutschen Steuerarten zuwenden.
Danach werden Sie die Steuerarten beschreiben und kategorisieren können.
Das Bild auf der nächsten Seite zeigt, welche Steuern in der Bundesrepublik erhoben werden.

Steuerspirale 1989 — Steuereinnahmen 535,5 Milliarden DM (z.T. geschätzt)

davon in Mio. DM

- Erbschaftsteuer 2 082
- 3 606 Grunderwerbsteuer
- Kaffeesteuer 1 793
- 3 920 Branntweinabgaben
- Lotteriesteuer 1 765
- 4 190 Versicherungsteuer
- Biersteuer 1 260
- 5 775 Vermögensteuer
- Schaumweinsteuer 857
- Lohnsteuer
- 6 795 Zölle
- Börsenumsatzst. 831
- Umsatz- bzw. Mehrwertsteuer
- 8 490 Grundsteuer
- Gesellschaftst. 562
- **181 832 Mio. DM**
- 9 167 Kfz-Steuer
- Feuerschutzst. 385
- **131 479 Mio. DM**
- 12 648 Kapitalertragsteuer
- Wechselsteuer 304
- 14 000* Kirchensteuer
- Zuschlag zur Grund- 281 erwerbsteuer
- Hundesteuer 247
- 36 799
- 15 509 Tabaksteuer
- Vergnügungsteuer 174 Einkommensteuer
- Leuchtmittelsteuer 154
- 36 706
- 34 181
- 32 965
- Zuckersteuer 143
- Gewerbesteuer
- Körperschaftsteuer
- Mineralölsteuer
- Totalisatorsteuer 100
- 11 Schankerlaubnissteuer
- Getränkesteuer 62
- 23 Kinosteuer
- Teesteuer 58
- 24 Rennwettsteuer
- Sportwettsteuer 46
- 42
- 42 Jagd- u. Fischereisteuer
- Salzsteuer
- sonstige 217
- * in der Gesamtsumme nicht enthalten

G 8249 © Globus

Man kann diese Steuern wie folgt einteilen:

A) NACH DEM STEUEREMPFÄNGER

An welche der drei genannten Behörden wird die Steuer bezahlt?

- die Bundesregierung
- die Gemeinde
- die Landesregierung

Diese Tabelle zeigt, an welche Behörde jede Steuer abgeführt wird.

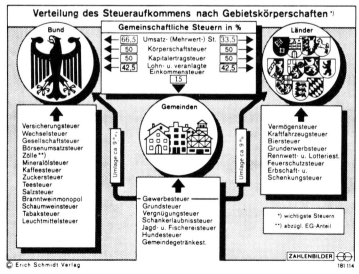

Einteilung der Steuern nach dem Steuerempfänger

Bilden Sie zwei Gruppen. Die eine Gruppe nennt eine Reihe von Steuern, die andere Gruppe erklärt mündlich, welche Behörden diese Steuern empfangen!

B) NACH DEM STEUERGEGENSTAND

Mit anderen Worten, *was* wird besteuert? Hier erkennt man drei Unterteilungen:

- *Besitzsteuern*
  Dies sind Steuern auf das Einkommen, auf das Vermögen, auf Erbschaften und Schenkungen.

- *Verbrauchsteuern*
  Hiermit wird der Gebrauch oder Verbrauch bestimmter Waren besteuert.

- *Verkehrsteuern*
  In diese Kategorie gehören Steuern auf Geld- und Kapitalverkehr.

Folgende Tabelle zeigt, *was* besteuert wird.

Besitzsteuern	Verkehrsteuern	Verbrauchsteuern
Lohnsteuer	Umsatzsteuer	Mineralölsteuer
Einkommensteuer	Kraftfahrzeugsteuer	Tabaksteuer
Körperschaftsteuer	Versicherungsteuer	Zölle
Kirchensteuer	Lotteriesteuer	Branntweinabgaben
Kapitalertragsteuer	Gesellschaftsteuer	Biersteuer
Vermögensteuer	Wechselsteuer	Schaumweinsteuer
Erbschaftsteuer	Börsenumsatzsteuer	Zuckersteuer
Gewerbesteuer	Feuerschutzsteuer	Leuchtmittelsteuer
Grundsteuer	Totalisatorsteuer	Teesteuer
	Sportwettsteuer	Salzsteuer
	Rennwettsteuer	

Vergleichen Sie diese Tabelle mit der Steuerspirale. Welches sind die *wichtigsten* Besitzsteuern, Verbrauchsteuern und Verkehrsteuern?

C) NACH DER ART DER STEUERERHEBUNG

Mit anderen Worten: *Wie* wird besteuert?

Hier erkennt man:

- direkte Steuern
- indirekte Steuern

Direkte Steuern belasten den Steuerzahler selbst und sind von ihm abzuführen, während indirekte Steuern (z.B. die Umsatzsteuer) durch eine entsprechende Preiserhöhung auf andere Personen abgewälzt werden.

Direkte Steuern

Diese Steuern werden durch Steuererklärung ermittelt*:

Lohnsteuer*	Körperschaftsteuer
Einkommensteuer	Grundsteuer
Gewerbesteuer	

*Die Lohnsteuer wird von dem Arbeitgeber einbehalten und an das Finanzamt abgeführt.

Indirekte Steuern

Diese Steuern werden durch Preisaufschlag auf den Verbraucher abgewälzt. Hier sind einige Beispiele für indirekte Steuern:

Umsatzsteuer	Mineralölsteuer
Tabaksteuer	Kraftfahrzeugsteuer
Teesteuer	Versicherungsteuer
Branntweinabgaben	Sonstige Steuern auf Verbrauch und Aufwand.

Sehen Sie sich die Steuerspirale noch einmal an. Welche anderen Steuern gehören Ihrer Meinung nach zur Kategorie der indirekten Steuern?

Mit den nötigen Informationen kann man jetzt jede Steuerart beschreiben.

Aufgabe

Folgen Sie untenstehendem Beispiel, um die fünf weiteren Steuerarten, die unten angeführt sind, zu definieren. Achten Sie dabei auf den korrekten Gebrauch des Passivs!

Beispiel

> *Steuer:* Körperschaftsteuer
> *Zahler:* Kapitalgesellschaften
> *Steuerempfänger:* 50% Bund, 50% Länder
> *Steuergegenstand:* Besitz
> *Art der Steuererhebung:* direkt, durch Steuererklärung
>
> 'Die Körperschaftsteuer ist eine Besitzsteuer, die von Kapitalgesellschaften bezahlt wird. Es handelt sich hierbei um eine direkte Steuer, die durch Steuererklärung ermittelt wird, und zu 50% an den Bund und 50% an das Land abgeführt wird.'

> *Steuer:* Lohnsteuer
> *Zahler:* Lohn- und Gehaltsempfänger
> *Steuerempfänger:*
> *Steuergegenstand:*
> *Art der Steuererhebung:*

> *Steuer:* Tabaksteuer
> *Zahler:* Verbraucher
> *Steuerempfänger:*
> *Steuergegenstand:*
> *Art der Steuererhebung:*

> *Steuer:* Umsatzsteuer
> *Zahler:* Verbraucher
> *Steuerempfänger:*
> *Steuergegenstand:*
> *Art der Steuererhebung:*

Steuer: Einkommensteuer
Zahler: Selbständige Erwerbstätige
Steuerempfänger:
Steuergegenstand:
Art der Steuererhebung:

Steuer: Mineralölsteuer
Zahler: Verbraucher
Steuerempfänger:
Steuergegenstand:
Art der Steuererhebung:

STEUERBERATUNG

Geld zurück vom Finanzamt

Auch Studenten zahlen Steuern. Allerdings fordert der Fiskus ihnen relativ wenig ab.

Die erste Möglichkeit: Wer weniger als 450 Mark brutto verdient, kann die Steuerpflicht seinem Arbeitgeber überlassen. Eine solche Pauschalversteuerung ist möglich bei kurzfristiger Tätigkeit oder Beschäftigung in geringem Umfang gegen geringen Arbeitslohn.

Die zweite Möglichkeit: Studenten, die wenige Monate lang einen gutbezahlten Job hatten und die Einnahmen daraus voll versteuerten, können sich in aller Regel den Löwenanteil der Steuern vom Finanzamt zurückholen. Sie stellen dazu am Ende des Jahres einen Antrag auf Lohnsteuerjahresausgleich. Eine dicke Rückzahlung wird fast immer fällig; denn die vom Arbeitgeber einbehaltenen Lohnsteuern wurden berechnet, als ob der Student das ganze Jahr über gearbeitet hätte. Absolut genommen fällt dieses Jahreseinkommen jedoch weitaus niedriger aus.

Steuermindernd geltend machen sollten Studenten auch die Studienkosten. Sie zählen zu den Kosten für die Berufsausbildung oder die Weiterbildung in einem nicht ausgeübten Beruf und damit zu den Sonderausgaben. Pro Jahr können bis zu 900 Mark bei Unterbringung zu Hause und bis zu 1200 Mark bei Unterbringung an einem anderen Studienort geltend gemacht werden. Zu den Ausbildungskosten gehören: Fahrten zwischen Wohnung und Uni, eventuell auch die durch den Besuch der Hochschule entstandenen Mehraufwendungen für Verpflegung.

Stellen Sie sich vor, Sie wohnen in der Bundesrepublik Deutschland. Ein Freund will auch dorthin ziehen, um zu studieren. Er möchte jobben und gelegentlich auch als Auslandskorrespondent für seine Lokalzeitung arbeiten, um sich über Wasser zu halten. (Als freiberuflicher Journalist wird er seine Wohnung als Arbeitsplatz benutzen müssen).
Obwohl Sie kein(e) Steuerberater(in) sind, möchte Ihr Freund von Ihnen wissen, welche steuerlichen Vorteile er möglicherweise in Anspruch nehmen könnte.
Benutzen Sie Ihre Kentnisse vom deutschen Steuersystem sowie die unten angegebenen Informationen, um Ihrem Freund einen Brief zu schreiben, in dem Sie folgendes mitteilen:

* welche Steuern er bezahlen müßte;
* welche Ausgaben Ihr Freund von der Steuer absetzen kann.

Arbeitszimmer von der Steuer absetzen

Wer zu Hause in einem eigens dafür eingerichteten Raum berufliche Arbeiten erledigt, kann die Aufwendungen dafür bei seinen Einkünften als Werbungskosten oder Betriebsausgaben steuermindernd geltend machen. Nach welchen Kriterien dieses geprüft wird, ist in einer Verfügung der Oberfinanzdirektion Köln zusammengefaßt (Aktenzeichen: S 2354–18 N St 12 A). Demnach ist entscheidend:
* Ist die Wohnung so geräumig, daß trotz des Arbeitszimmers für die Familie genügend Wohnraum bleibt?
* Ist die Größe des Arbeitszimmers angemessen im Verhältnis zu den übrigen Räumen?
* Handelt es sich bei dem Arbeitszimmer eher um einen Durchgangsraum, um die anderen Zimmer zu erreichen?
* Wird durch die Einrichtung des Arbeitszimmers eine private Mitbenutzung ermöglicht oder gefördert?
* Ist der Arbeitsraum im Hinblick zu den anderen Räumen besonders wertvoll ausgestattet?
* Sprechen der soziale und wirtschaftliche Status der Familie sowie deren Größe für eine private Mitbenutzung des Arbeitszimmers?

Wenn nach Beantwortung dieser Fragen die private Nutzung nur von untergeordneter Bedeutung ist, werden die Aufwendungen für das Zimmer steuerlich anerkannt.

Aktien

LUDWIG J., VORSTANDSVORSITZENDER DER GROSS-AG: *„Die Aktie ist das wichtigste Mittel der Geldbeschaffung und damit Voraussetzung für die erfolgreiche betriebliche Tätigkeit einer Aktiengesellschaft."*

ANGELIKA S., LEHRERIN: *„Die Aktie ist für mich eine Geldanlage. Gegenüber anderen Anlageformen bietet sie mir eine doppelte Ertragschance: laufende Dividendeneinnahmen und Steigerung des angelegten Kapitals."*

HERTA V., UNTERNEHMERIN: *„Ich besitze 25,5% der Aktien an der Groß-AG. Als Aktionärin dieser Firma habe ich die Möglichkeit, an Entscheidungen der Aktiengesellschaft mitzuwirken."*

MECHTHILD K., BÜROKAUFFRAU BEI DER GROSS-AG: *„Ich besitze ein paar Aktien der Groß-AG und gehöre damit zu den sogenannten Belegschaftsaktionären. Die Aktien sind für mich ein Instrument der Vermögensbildung."*

PAUL G., INHABER EINES MALERGESCHÄFTS: *„Ich lege mein Geld nicht in Aktien an, da mir das Risiko zu hoch ist."*

ALEXANDER R., BANKKAUFMANN: *„Die Aktie ist für mich reines Spekulationsobjekt. Ich will mit Aktien an der Börse viel Geld verdienen."*

Wenn Sie sich die obenstehenden Kommentare zur Aktie durchlesen, werden Sie feststellen, daß die abgebildeten Personen aus ganz unterschiedlichen Gründen Aktien besitzen.

Wieso das so ist, werden Sie in dieser Lektion lernen. Ebenfalls werden Sie erfahren, was an der Börse und an den Börsen der Welt passiert.

DIE FUNKTIONEN DER AKTIE

Lesen Sie sich bitte die Aussagen der abgebildeten Personen noch einmal durch und finden Sie dann heraus, welche Aufgaben eine Aktie erfüllt.

Funktionen der Aktie: . . . .
. . . .
. . . .
. . . .
. . . .

Die Kommentare sind überwiegend sehr positiv. Es wird jedoch auch ein negativer Aspekt des Aktienbesitzes erwähnt, nämlich der des Risikos. Würde Sie dieser Aspekt, so wie Herrn G., auch davon abhalten, Aktien zu kaufen oder würde Sie das in Ihrer Entscheidung, Aktien zu kaufen, nicht beeinflussen?

Vokabel-Tip

die Aktie = ein Wertpapier, das den Aktionär als Teilhaber an einer Aktiengesellschaft ausweist
der Aktionär = der Inhaber einer Aktie; auch Anteilseigner oder Gesellschafter genannt
die Aktiengesellschaft (AG) = Handelsgesellschaft, deren Grundkapital von den Gesellschaftern aufgebracht wird
die Dividende = dem Aktionär auszuzahlender Anteil vom Reingewinn
die Spekulation = z.B. der Kauf von Aktien in der Hoffnung, daß diese im Wert steigen werden
der Belegschaftsaktionär = der Inhaber einer Belegschaftsaktie, die dem Arbeitnehmer vom Arbeitgeber zu einem Vorzugspreis angeboten wurde
die Vermögensbildung = das Ansparen von Vermögen (Geld und Sachwerte)

Der Vorstandsvorsitzende der Groß-AG bezeichnet die Aktie als „wichtigstes Mittel der Geldbeschaffung" für ein Unternehmen. Was meint er damit?

Als Aktieneigentümer haben Sie bestimmte Rechte. So behauptet beispielsweise Frau Herta V., daß sie als Aktionärin die Möglichkeit hat, an Entscheidungen der Aktiengesellschaft mitzuwirken.
Um das verstehen zu können, müssen wir uns den Aufbau einer Aktiengesellschaft genauer anschauen, insbesondere die Funktionen ihrer drei Entscheidungsinstitutionen (= Organe).

Partnerarbeit

Bilden Sie Zweiergruppen. Versuchen Sie herauszufinden, inwieweit der einzelne Aktionär die Möglichkeit hat, an Entscheidungen der Aktiengesellschaft mitzuwirken.
Partner A versucht diese Aufgabe mit Hilfe der Abbildung zum Aufbau einer Aktiengesellschaft zu lösen, Partner B mit Hilfe des folgenden Textes.
Teilen Sie sich dann gegenseitig mit, zu welchen Schlußfolgerungen Sie gekommen sind.

Gruppenmitglied A:

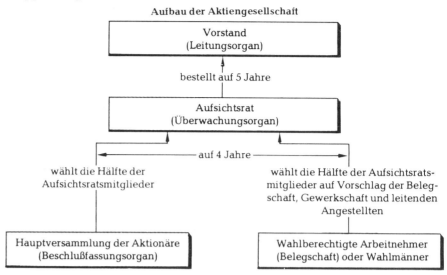

Aufbau der Aktiengesellschaft

Vorstand (Leitungsorgan)

bestellt auf 5 Jahre

Aufsichtsrat (Überwachungsorgan)

——————— auf 4 Jahre ———————

wählt die Hälfte der Aufsichtsratsmitglieder

wählt die Hälfte der Aufsichtsratsmitglieder auf Vorschlag der Belegschaft, Gewerkschaft und leitenden Angestellten

Hauptversammlung der Aktionäre (Beschlußfassungsorgan)	Wahlberechtigte Arbeitnehmer (Belegschaft) oder Wahlmänner

Wahl des Aufsichtsrats nach dem Gesetz über die Mitbestimmung der Arbeitnehmer (MitbestG = Mitbestimmungsgesetz) vom 4. Mai 1976.

Gruppenmitglied B:

● Aufbau der AG

Das Mindestgrundkapital einer AG beträgt in der Bundesrepublik Deutschland 100 000 DM. Die AG hat drei Organe:
Der *Aufsichtsrat* überwacht und berät den Vorstand. Der Aufsichtsrat besteht aus mindestens drei Mitgliedern. Die Zahl der Aufsichtsratsmitglieder einer AG hängt im wesentlichen von ihrer

Größe, gemessen an der Höhe des Grundkapitals ab. Dem Aufsichtsrat gehören meistens neben Vertretern der Kapitalseite auch Arbeitnehmervertreter an. Die Verteilung der Aufsichtsratsmandate auf diese beiden Gruppen wird davon bestimmt, welcher Mitbestimmungsregelung die jeweilige Aktiengesellschaft unterliegt.
Der *Vorstand* wird vom Auf-

sichtsrat bestellt. Er leitet die Geschäfte der AG.
Die *Hauptversammlung* (HV) ist die Versammlung der Aktionäre. Sie ist das oberste Organ einer Aktiengesellschaft. Sie wählt u.a. die Anteilseigner-Vertreter in den Aufsichtsrat, beschließt über die Verwendung des Bilanzgewinns und Maßnahmen der Kapitalbeschaffung und befindet über die Entlastung von Vor-

stand und Aufsichtsrat. Außerdem ist die HV eine wichtige Informationsquelle für den Aktionär. Es ist sein Recht, auf der HV Auskünfte einzuholen, die zur sachgemäßen Beurteilung eines Gegenstandes der Tagesordnung erforderlich sind. Außerdem ist es jedem Aktionär möglich, gegen einen Hauptversammlungsbeschluß vorzugehen, der gegen Recht und Satzung verstößt.

Vokabel-Tip

bestellen = ernennen
die Entlastung = die Aufgabe der Hauptversammlung, die Geschäfte des Vorstands und des Aufsichtsrats zu akzeptieren
die Satzung = der Gesellschaftsvertrag oder die Verfassung einer Aktiengesellschaft

Sie können sich bestimmt noch daran erinnern, daß Frau Angelika S. die Aktie als Geldanlage betrachtet, weil sie ihr in der Regel Dividendeneinnahmen garantiert.
Wieviel Dividende pro Jahr ausgeschüttet wird, beschließt die Hauptversammlung einer AG, die einmal im Jahr einberufen wird.
Aus diesem Grunde erscheinen Anzeigen – wie untenstehend – in den Zeitungen, um die Aktionäre und Aktionärinnen darüber zu informieren.

Partnerarbeit

Stellen Sie sich vor, Sie sind Aktionärin der Schneider Rundfunkwerke AG.
Ihr Partner hat kürzlich zehn Aktien dieser Aktiengesellschaft zum Nennwert von DM 50 erworben.
Am 6. Juni 1989 liest er die untenstehende Anzeige in der Frankfurter Allgemeinen Zeitung. Da er zum erstenmal Aktionär ist, hat er viele Fragen, die Sie ihm bitte beantworten helfen.

Durchführung der Partnerarbeit:
Partner A stellt Partnerin B Fragen aufgrund folgender Punkte:

- *Ort und Zeit der Hauptversammlung?*
- *Voraussetzung für Ausübung des Stimmrechts?*
- *Anspruch auf Dividende? Wenn ja, wieviel?*
- *Möglichkeit zur Änderung der Dividende?*
- *Stimmrecht bei anderen Tagesordnungspunkten?*

Partnerin B versucht, die Fragen ihres Partners mit Hilfe der Informationen in der Anzeige zu beantworten.

Vokabel-Tip

der Nennwert/Nennbetrag einer Aktie = der einer Aktie aufgedruckte Geldbetrag
der Kurswert einer Aktie = der Wert einer Aktie an der Börse

Schneider Rundfunkwerke
Aktiengesellschaft
8939 Türkheim/Unterallgäu

– Wertpapier-Kenn-Nr. 719340 –

Wir laden hiermit unsere Aktionäre zu der **am Dienstag, dem 18. Juli 1989, um 10.30 Uhr** in der Augsburger Kongreßhalle (Mozartsaal), 8900 Augsburg, Gögginger Str. 10, stattfindenden **ordentlichen Hauptversammlung** ein.

Tagesordnung

1. Vorlage des festgestellten Jahresabschlusses zum 31. Dezember 1988, des Lageberichts und des Berichts des Aufsichtsrats. Vorlage des Konzernabschlusses und des Konzernlageberichts für 1988.
2. Beschlußfassung über die Verwendung des Bilanzgewinns. Vorstand und Aufsichtsrat schlagen vor, den im Jahresabschluß ausgewiesenen Bilanzgewinn von DM 13 929 000,– wie folgt zu verwenden:

   Zahlung einer Dividende von DM 12,– je Aktie im Nennbetrag von DM 50,– auf das Grundkapital vom 31. Dezember 1988 von DM 40 100 000,–, zahlbar am 19. Juli 1989   DM   9 624 000,–
   Einstellung in andere Gewinnrücklagen   DM   4 305 000,–
   _____
   DM 13 929 000,–
3. Beschlußfassung über die Entlastung des Vorstands für das Geschäftsjahr 1988.
   Der Aufsichtsrat schlägt Entlastung vor.
4. Beschlußfassung über die Entlastung des Aufsichtsrats für das Geschäftsjahr 1988.
   Der Vorstand schlägt Entlastung vor.

5. Wahl des Abschlußprüfers und des Konzernabschlußprüfers für das Geschäftsjahr 1989.
   Der Aufsichtsrat schlägt die Bayerische Treuhand-Aktiengesellschaft Wirtschaftsprüfungsgesellschaft Steuerberatungsgesellschaft München, Zweigniederlassung Augsburg, vor.

Zur Teilnahme an der Hauptversammlung und zur Ausübung des Stimmrechts in der Hauptversammlung sind diejenigen Aktionäre berechtigt, die ihre Aktien spätestens am 11. Juli 1989 bei der Gesellschaftskasse, bei einem deutschen Notar, bei einer Wertpapiersammelbank oder bei den nachstehend genannten Banken und ihren Niederlassungen hinterlegen und bis zur Beendigung der Hauptversammlung dort belassen.

Hinterlegungsstellen sind:

      Dresdner Bank AG
      Bayerische Hypotheken- und Wechsel-Bank AG
      Bayerische Landesbank Girozentrale
      Deutsche Bank AG
      Reuschel & Co.

Die Hinterlegung gilt auch dann als bei einer der genannten Stellen bewirkt, wenn Aktien mit Zustimmung einer Hinterlegungsstelle für diese bei einem Kreditinstitut bis zur Beendigung der Hauptversammlung im Sperrdepot gehalten werden.

Türkheim, im Juni 1989   **Schneider Rundfunkwerke**
Aktiengesellschaft

Der Vorstand

Aktien dienen ebenfalls der Steigerung des angelegten Kapitals, weil sie beliebig ge- und verkauft werden können.
Da Sie sicherlich mehr über diesen Prozeß wissen wollen, werfen wir doch einmal einen Blick ins Börsen-ABC.

Können Sie feststellen,

- *wie der Ort heißt, an dem Aktien gehandelt werden?*
- *wie der Preis bezeichnet wird, zu dem Aktien ge- und verkauft werden?*
- *wie dieser Preis festgelegt wird?*

des sog. Window Dressings (Bilanzverschönerung) zum Jahresende). Die B. der AG muß als Teil des → Jahresabschlusses erläutert, geprüft, festgestellt und bekanntgemacht werden.

Bilanzgewinn (Verwendungsbeschluß), → Hauptversammlung.

Bilanzkurs, Wert einer → Aktie nach dem in der → Bilanz ausgewiesenen Eigenkapital; das gesamte Eigenkapital (Grundkapital + Rücklagen + Gewinn) im Verhältnis zum Nominalkapital (Grundkapital allein). Der B. gibt einen Richtwert für die Höhe des Börsenkurses. Da die Gesellschaften meist → stille Reserven enthalten, kann der Börsenkurs durchaus über dem B. liegen; selten liegt er darunter.

„billigst", → Börsenauftrag.

Blankett, Wertpapiermuster ohne Gültigkeit.

Blankoverkauf, → Leerverkäufe.

Blue Chips, engl. Bezeichnung für erstklassige Aktien.

Börse, freier Markt, auf dem bestimmte, austauschbare (fungible) Güter gehandelt werden. Neben den Wertpapierbörsen bestehen im Bundesgebiet Waren- und Devisenbörsen. Die Wertpapierbörse ist ein bis ins kleinste organisierter Teil des → Kapitalmarktes. Rechtsgrundlage sind das Börsengesetz von 1896 (mit Änderungen) und das → Börsenzulassungsgesetz von 1986. An der B. werden im wesentlichen Aktien (→ Aktienmarkt) und → festverzinsliche Wertpapiere (→ Rentenmarkt) gehandelt. Beim Handeln bilden sich Preise nach Angebot und Nachfrage. Die Preise (= Kurse) werden notiert und öffentlich bekanntgegeben, zuerst im Börsensaal auf der elektronischen Anzeigetafel, nachträglich im Amtlichen → Kursblatt und anderen Publizitätsorganen. Es handeln die Vertreter der Kreditinstitute und der sonstige → Berufshandel, vermittelt werden die Börsengeschäfte durch → Kursmakler. Jeder Kursmakler ist für bestimmte Papiere zuständig, hierfür stellt er die Kurse fest.

Aus der Vielzahl der gehandelten Aktien wurde die Aktie VVA ausgewählt, deren Kursverlauf über den Zeitraum eines Jahres festgehalten wurde.
Die nachfolgende Grafik veranschaulicht dies.

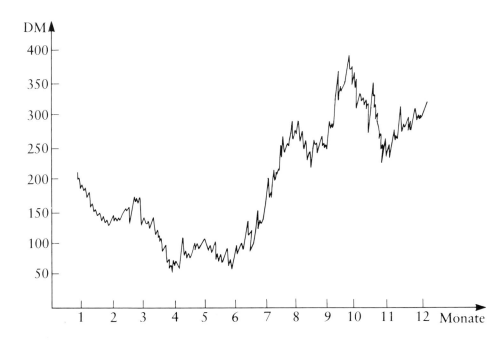

Würden Sie diese Aktie kaufen?
Diskutieren Sie bitte in der Gesamtgruppe das Für und Wider eines Kaufs.

Schriftliche Aufgabe

Der Herausgeber des Buchs *Wirtschaft auf einen Blick* ist mit der Bitte an Sie herangetreten, einen kurzen Aufsatz zum Thema *Aktien* zu verfassen. Er sollte nicht mehr als 300 Wörter, aber trotzdem die wichtigsten Funktionen der Aktie umfassen.

DIE ORGANISATION DER BÖRSE

F.A.Z.-Aktien-Index (31.12.58 = 100)
Höchst 1988/1989: 569,27 am 8. Februar 1989
Tiefst 1988/1989: 396,39 am 29. Januar 1988

Datum	Gesamt-Index	Durchschnitt 90 Tage	200 Tage	Anz. der Index-Akt. höh.	niedr.	unver.
30. 12. 87	425,18	538,91	576,95	68	16	16
31. 3. 88	451,40	434,95	529,38	31	52	17
30. 6. 88	473,23	455,65	474,03	45	41	14
30. 9. 88	517,44	484,52	459,60	50	29	21
29. 12. 88[1])	549,86	521,28	491,20	35	47	14
31. 1. 89	556,15	537,55	502,11	10	80	10
22. 2. 89	547,66	544,57	510,97	12	82	6
23. 2. 89	537,91	544,68	511,51	4	92	4
24. 2. 89	541,96	544,76	512,10	70	21	9
27. 2. 89	535,78	544,73	512,64	11	84	5

[1]) Aktualisierung zum 29. Dezember 1988

Die F.A.Z.-Indizes

Der Aktienindex der F.A.Z. zeigte am 27.2 (24. 2.) folgende Veränderungen gegenüber dem Vortag: Gesamtindex: 535,78 (541,96), Banken und Versicherungen: 1094,93 (1104,59), eisenverarbeitende Industrie: 244,60 (247,29), Elektroindustrie: 454,20 (461,69), Bau-/Grundstückswerte: 1070,50 (1088,77), Großchemie: 338,25 (341,46), sonstige Chemiewerte: 515,89 (519,06), Versorgungsaktien: 400,12 (404,11), Auto-Zulieferer: 1705,15 (1730,02), Maschinenbau: 305,69 (310,34), Grundstoffe: 371,49 (374,64), Handel, Kommunikation, Verkehr: 561,16 (568,24), Konsumgüter: 259,68 (264,86).

Der wichtigste Börsenplatz in der Bundesrepublik Deutschland ist die Frankfurter Wertpapierbörse.
Im nachfolgenden sehen Sie einen Börsenbericht aus der *Frankfurter Allgemeinen Zeitung.*
Mit Hilfe dieses Berichts wollen wir uns einen Überblick über die deutsche Börse verschaffen.

Deutsche Börsen

Kursverluste zum Wochenbeginn

Deutliche Kursverluste prägten die erste Sitzung der Woche an der **Frankfurter Aktienbörse.** Der deutsche Aktienmarkt habe sich von den internationalen Entwicklungen nicht abkoppeln können, meinten Händler und verwiesen auf die steigenden Zinsen und fallenden Aktiennotierungen in Amerika und England. „Das konnte nichts werden", gab ein Händler die abwartende Haltung der Börsianer wieder. Schon zur Eröffnung sackten die Kurse fast aller Standardpapiere kräftig ab und erreichten einen neuen Jahrestiefststand. Im Sitzungsverlauf befestigten sich die Kurse wieder leicht und schlossen nach sehr geringen Umsätzen meist über den tiefsten Notierungen des Tages. Verkaufsdruck habe es zwar nicht gegeben, aber die Kaufbereitschaft habe „bei Null" gelegen, charakterisierten Händler den Sitzungsverlauf. Der Aktienindex der F.A.Z. gab um 6,18 auf 535,78 Punkte nach.

Es war wieder einmal die Zinsdiskussion, die das Geschehen am Aktienmarkt prägte. Ausgelöst wurde diese Entwicklung diesmal von der Anhebung des Diskontsatzes in Amerika. In Frankfurt rechnen viele Händler erneut damit, daß der Zentralbankrat der Deutschen Bundesbank am Donnerstag die Leitzinsen heraufsetzt. Es mehren sich die Stimmen, die davon ausgehen, daß es mit dem Anstieg der Zinsen bald vorbei sei und die Aktienkurse bald wieder steigen. Technisch orientierte Händler sagen dagegen eine weiter andauernde Schwächephase voraus. Nach ihrer Ansicht wird der Index der F.A.Z. weiter fallen – bis in die Zone von 510 bis 520.

Im variablen Handel verloren Deutsche Bank 5,50 auf 502 DM. Bei den Automobilwerten stachen Porsche Vorzüge mit einem Kursverlust von 22 auf 688 DM hervor.

Daimler lagen bei 645,50 nach 653,50 DM am Freitag. Siemens sanken auf 504,50 nach 511,50 DM. (pp.)

In **Hamburg** erholten sich Elbschloß-Brauerei um 6 DM, während Holsten-Brauerei um 5,50 DM nachgaben.

Genußscheine: Bayer. Raiff. (Mü) 102,50 G, Berl. Bank m. O. 163, dgl. o. O.88,50, dgl. v. 88 99,80, Commerzbank 115, DG Bank v. 85 118,75 G, dgl. v. 87 107,25 G, Dt. Pfandbr. 103 G, Ford Bank (Dü) 100 G, Gerling 102 T, Hambg. Ldsbk. Em. 1 (Hbg) 105,90 G, dgl. Em. 2 (Hbg) 101,60 G, Ldsbk. Stuttg. 100 G, Ldw. Rentenbank 103,50 G, Stg. Bank (Stg) 107 G, Westdt. Gen. Zentr. „A" (Dü) 109 G, dgl. „B" (Dü) 110 G, dgl. „C" (Dü) 110 G.

Kurse junger Aktien: ADV/Orga VA (Brm) 153 G, Agab 207, Agiv —, Anzag 255, Bayer 278, Bay. Ver. Bk. 346, BASF 265 G, BHF-Bank 440 G, Bilf. + Berger 310, Br. Amberg (Mü) 764 G, Commerzbank 231 G, Continental —, Dr. Bank 289, Dt. Bk. Lübeck (Hbg) 618 G, E. Kulmb. (Mü) 2390 B, Euro-Kai (Hbg) 91 G, Fuchs Petr. 191 B, Hafnia Inv. „A" 113 T, dgl. „B" 94 G, Henkel VA 485,50, Holzmann 610 bG, Hoechst 275 G, Hussel —, Klöckner-W. —, Koenig & B. VA 300 T, KSB —, dgl. VA. —, Linde 750 G, Metallges. 355, Nordst. Lebensm. (Br) 1600 G, Ö. Länderb. 54 T, dgl. VA 49 G, PWA 269 bG, Pfaff —, Pittler 250 G, Salamander 235, Siemens —, Sommer-A. 119, Stumpf VA 150 bG, Thuringia Vers. 880 G, Trinkaus & B. 358, Vereins-West. 415.

Bezugsrechte (Verhältnis, Kurs Altaktie, Bezugsrecht, Parität): Deutsche Bank 15:1:450 DM, 498,50, 2,60, 2,39; Gehe 3:1:275 DM, 358, 25, 24,30; Petrofina 1:1:11000 bfr, 585, 6,20, —; Verseidag 3:1:135 DM, 212,50, 22, —.

VA 150 bG, Thuringia Vers. 880 G, Trinkaus & B. 358, Vereins-West. 415.

Bezugsrechte (Verhältnis, Kurs Altaktie, Bezugsrecht, Parität): Deutsche Bank 15:1:450 DM, 498,50, 2,60, 2,39; Gehe 3:1:275 DM, 358, 25, 24,30; Petrofina 1:1:11000 bfr, 585, 6,20, —; Verseidag 3:1:135 DM, 212,50, 22, —.

Finden Sie nun deutsche Branchen und Unternehmen und tragen Sie diese in die untenstehende Übersicht ein.
Falls Ihnen keine Unternehmen für die einzelnen Branchen einfallen, ziehen Sie ruhig den Stockmaster auf Seite 50 zu Rate.

Vokabel-Tip

der Aktienindex = eine Meßzahl, mit deren Hilfe die Entwicklung an einem Aktienmarkt insgesamt bzw. für einzelne Branchen dargestellt wird. Hierzu wird die Kursentwicklung maßgeblicher, repräsentativer Aktiengesellschaften herangezogen. In der Bundesrepublik werden Aktienindizes vom Statistischen Bundesamt, verschiedenen Banken und Wirtschaftszeitungen berechnet.

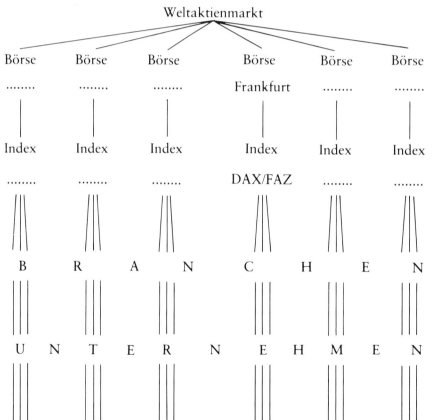

So ähnlich wie die Frankfurter Aktienbörse sind auch die Börsenplätze anderer Länder aufgebaut.

Bitte tragen Sie die wichtigsten Börsen der Welt in das untenstehende Schaubild mit den dazugehörenden Indizes ein. Die notwendigen Informationen dazu stehen zum Teil im Text auf Seite 47.

BÖRSENNACHRICHTEN NATIONAL UND INTERNATIONAL

Wer Aktien kaufen will, benötigt viele aktuelle Informationen. Für den täglich am Aktienmarkt tätigen Investor sind in Deutschland das *Handelsblatt* und die *Frankfurter Allgemeine Zeitung (FAZ)* fast eine Pflichtlektüre.

Auf der nächsten Seite sehen Sie einen Übersichtsartikel aus der FAZ über das Geschehen an den Weltbörsen.

Asien

Tokio leichter

Nach einer kurzfristigen Erholung gegen Mittag gaben die Kurse am **Tokioter Aktienmarkt** in der zweiten Sitzungshälfte wieder nach. Der Durchschnittskurs von 225 Aktien gab um 166,72 auf 32 285,77 Punkte nach, nachdem er am Mittag einen neuen Höchststand erreicht hatte. Umgesetzt wurden 1,1 Milliarden Aktien.

Am Tokioter Anleihemarkt waren Reaktionen auf die am Freitag vorangegangene Diskonterhöhung in Amerika zu spüren. Obwohl die Bank of Japan Spekulationen über eine baldige Leitzinserhöhung in Japan am Wochenende zurückgewiesen hat, erhöhte sich die Rendite der als Marktindikator geltenden Staatsanleihe Nr. 111 mit Nominalzins von 4,6 Prozent von 4,905 auf 4,995 Prozent. Mit großem Interesse wird nun auf die Bundesbank in Frankfurt geblickt; sollte sie am Donnerstag ihre Leitzinsen anheben, wird in Tokio eine vergleichbare Maßnahme nicht ausgeschlossen.

Deutlich schwächer schloß am Montag der **Aktienmarkt in Hongkong.** Der Hang-Seng-Index fiel um 50,05 auf 3064,18 Punkte. Auf breiter Front schwächer schloß am Montag auch die **Aktienbörse in Singapur.** Der Straits-Times-Index sank von 1135,21 auf 1120,42 Punkte. Am Markt wird mit einer Fortsetzung der Konsolidierung gerechnet, obwohl das Wirtschaftswachstum des Stadtstaates immer noch außerordentlich positiv verläuft. Das Bruttoinlandsprodukt ist 1988 um 11 Prozent nach 8,8 Prozent im Vorjahr gewachsen; das ist der höchste Anstieg seit 15 Jahren.

Von starken Kursverlusten im Anfangsgeschäft konnte sich der **Aktienmarkt in Sydney** etwas erholen. Der All-Ordinary Shares schloß mit 1469,3 um 16,9 Punkte niedriger als am Freitag, der Index der Minenwerte gab um 8,6 Punkte auf 687,6 nach. Die Regierung wolle an ihrer straffen Kreditpolitik festhalten, bis sich die Konjunktur etwas abgekühlt habe, verkündete der Premierminister.

Europa

Kursrutsch

Der Schwächeanfall des britischen Pfundes und die Sorge über eine internationale Welle von Zinserhöhungen hat an der **Londoner Aktienbörse** zum Wochenbeginn einen kräftigen Kursrutsch ausgelöst. Der FT-30-Aktienindex gab um 23,2 auf 1640,2 Punkte nach, der FT-SE-100-Aktienindex um 27,9 auf 1991,6 Punkte. Eine Erhöhung der Zinsen wird in London – trotz des hohen Niveaus von mehr als 13 Prozent – nicht ausgeschlossen, wenn die Zahlungsbilanzdaten für Januar am Freitag bekannt gegeben werden. Auch an der **Madrider Börse** rutschten die Kurse am Montag weiter nach unten. Hier war von Verunsicherung nicht nur wegen der Furcht vor

Amerika

Wall Street eröffnet uneinheitlich

Mit uneinheitlichen Kursen hat die New Yorker Aktienbörse am Montag eröffnet. Der Dow-Jones-Durchschnittskurs für dreißig Industriewerte behauptete sich, nachdem er zunächst um 7 Punkte zurückgefallen war. Auch die übrigen Börsenbarometer bewegten sich nur wenig. Immerhin zeigte sich etwas mehr Stabilität als zum Ende vergangener Woche, als Wall Street mit größeren Kurseinbußen auf die Verunsicherung über die Inflation und – am Freitag – auf die Erhöhung des Diskontsatzes und der Kreditzinsen der großen Banken an ihre besseren Kunden (Prime rate) reagierte. Der Dow Jones hatte am Freitag seinen deutlichsten Rückgang seit mehreren Monaten erlitten. Er war um 43,92 auf 2245,54 Punkte gefallen.

Amerikanische Wertpapiermakler zeigten sich zum Wochenbeginn skeptisch über Erholungschancen. Die Rahmendaten werden als schlecht bezeichnet. Für Aktien spräche zur Zeit wenig. Die Konjunktur laufe so gut, daß

ANZEIGE ⎯⎯⎯⎯⎯⎯⎯⎯⎯⎯⎯

nun die Lohnforderungen erheblich lauter würden. Das bedeute Inflation. Ein wenig mehr Arbeitslosigkeit, so die Broker, könne das alles relativieren. Bis aber die nächsten Zahlen auf dem Tisch liegen – am 10. März wird damit gerechnet –, wird aus ihrer Sicht eher eine schwache Börse herrschen. Dafür sprächen auch die technischen Analysen. Viele Anleger, so heißt es, deckten sich in Erwartung einer Rezession jetzt schon mit langlaufenden Anleihen ein, um von den hohen Renditen zu profitieren.

Die Anhebung des Diskontsatzes von 6,5 auf 7 Prozent, die erste seit August ver-

gangenen Jahres, hatte am vergangenen Freitag die Stimmung erheblich gedämpft. Es war weniger die Anhebung selber als die im New Yorker Fernsehen zu hörende Ansicht, daß die Anhebung nicht weit genug ginge. Statt eines halben Punktes, so die Ansicht, hätte die Notenbank einen ganzen Punkt hoch gehen sollen, um die Spekulationen auf noch höhere Zinsen einzudämmen. Zu hören waren auch Ansichten, bei denen eine neue Rezessionsfurcht eine Rolle spielt.   jfr

Börse New York

Ortszeit	Dow Jones			Stan-poor[1]
	Industr.	Transp.	Versorg.	
24. 2. bis 10.20	2270,71	1068,40	182,97	289,57
24. 2. bis 12.00	2259,11	1068,40	182,31	288,32
24. 2. bis 14.00	2257,50	1069,37	182,31	288,16
24. 2. bis 16.00	2245,54	1071,96	181,84	287,13
27. 2. bis 10.20	2243,93	1063,23	181,66	286,86

[1]) Standard & Poors. 500 (Composite).

Ortszeit	Mio. Stück Umsatz	Anzahl der Titel		
		höher	niedr.	unverä.
24. 2. bis 10.20	34,34	255	858	469
24. 2. bis 12.00	90,24	232	1123	456
24. 2. bis 14.00	121,39	265	1190	428
24. 2. bis 16.00	162,47	331	1179	430
27. 2. bis 10.20	28,78	323	700	542

Ortszeit	Dollar	Fed.[1]	21019[2]	TN92[3]	Gold
24. 2. 10.20	1,8258/68	9¹¹⁄₁₆	96²⁹⁄₃₂	98²¹⁄₃₂	389,05
24. 2. 12.00	1,8235/45	9¾	96¾	98⁹⁄₁₆	389,95
24. 2. 14.00	1,8210/20	9¹³⁄₁₆	96²³⁄₃₂	98⅝	389,15
24. 2. letzt	1,8155/70	9¹³⁄₁₆	96²⁷⁄₃₂	98¹⁵⁄₃₂	389,15
27. 2. 10.20	1,8155/65	10	96¾	98⁹⁄₁₆	390,75

[1]) Fed. Funds (G), [2]) 8⅞ Treasury Bond (G), [3]) 9⅛ Treasury Notes (G), für Ausländer nicht registrierpflichtig.

Amerikanische Geldmenge (Woche zum 13. Februar): −0,4 auf 784,0 Milliarden Dollar.

Abkürzungen (Aktienkurse): Dividende in DM pro Stück; [1]) = Dividende für das volle Geschäftsjahr; o. Kennz. = 50-DM-Aktie; * = 100-DM-Aktie; () = and. Stückelung; G = Geld; B = Brief; T = Taxe; G = Geld; db = bez. Brief; r = rationiert o. repartiert; ex = ex Dividende; ex B = ex Bezugsr. o. ex Ber.-Aktie; ohne Zusatz = bezahlt.

Zinssteigerungen die Rede, sondern auch wegen der gescheiterten Fusionspläne zwischen der Banesto und der Banco Central.

Unter stärkeren Kursrückgängen litt am Montag auch die **Züricher Börse.** Der Swiss Performance Index sank um 2,1 Prozent (21,1 Punkte) auf 948,9 Punkte. Am **Wiener Aktienmarkt** zeigten die Börsenbarometer am Montag eine leicht abnehmende Tendenz an. Schwächer tendierte auch der **Aktienmarkt in Paris.** Kursschwäche auch an der **Aktienbörse von Mailand**; hier war das Interesse auf einige Bankwerte gerichtet. BNA zogen wie bereits in der Vorwoche starkes Kaufinteresse auf sich. Der Kurs der größten italienischen

Privatbank wurde mit 13140 nach 12100 Lire festgestellt und von der Aufsichtsbehörde nachbörslich vom Handel ausgesetzt. Interbanca, am Freitag ausgesetzt, blieben auch am Montag vom amtlichen Handel suspendiert.

Schwächer schloß auch die **Aktienbörse von Stockholm.** Der allgemeine Aktienindex fiel um 1,3 Prozent. Schwach tendierte auch die **Brüsseler Börse.** Die belgische Nationalbank hatte die Zinsen zum dritten Mal innerhalb weniger Tage angehoben. Der Aktienindex fiel um 146,52 Punkte oder 2,5 Prozent auf 5624,37 Punkte.   (Reuter/vwd)

Bitte machen Sie sich über die Lage an den verschiedenen Börsen Notizen, indem Sie die nachfolgende Tabelle benutzen.
Die Informationen über die Situation an der Frankfurter Börse erhalten Sie aus dem Artikel auf Seite 49.

BÖRSENNACHRICHTEN NATIONAL UND INTERNATIONAL

Bitte notieren Sie:

Wie ist die Lage an der Börse in . . . ?	Wie ist die Situation bei besonderen Werten oder Branchen?
New York	
Tokio	
Hongkong	
London	
Zürich	
Frankfurt	

Wenn Sie die Entwicklungen an den Börsen weltweit vergleichen, können Sie dann feststellen, ob sich ein einheitlicher Trend abzeichnet?

Vokabel-Tip

die Notierung = die Feststellung der amtlichen Börsenkurse
die Tendenz = allgemeine Grundstimmung an der Börse
die Einheitsnotierung = für Wertpapiere mit geringen Umsätzen wird der amtliche Börsenkurs nur einmal am Tag festgestellt
das Standardpapier/der Standardwert = von der Börse favorisierte Aktienwerte

Aufgabe

Versuchen Sie sich bitte mit dem derzeitigen Geschehen auf dem Weltbörsenmarkt vertraut zu machen.
Wie würden Sie die Lage beschreiben? Herrscht eine *Hausse* (länger anhaltender Kursanstieg an der Börse) oder eine *Baisse* (längere Zeit anhaltende, starke Kursrückgänge)? Oder keines von beiden?

Obwohl Börsenberichte oft auf eine sachliche Weise geschrieben werden, bedienen sie sich häufig einer sehr flotten Sprache, zum Beispiel wenn die Veränderungen von Kursen ausgedrückt werden sollen.
Man kann natürlich solche Verben wie *fallen* oder *sich erhöhen* benutzen, aber diese lassen das Lesen von Börsenberichten auf Dauer langweilig erscheinen.
Deshalb werden andere Ausdrücke benutzt, welche wir uns einmal genauer ansehen wollen.

Aufgabe

● *Nehmen Sie bitte noch einmal die Texte über die Aktienmärkte auf den Seiten 45 und 47 zur Hand und schreiben Sie sich alle Ausdrücke heraus, die Änderungen oder Zustände an der Börse ausdrücken.*

- *Können Sie diese Ausdrücke auch in anderen Kontexten verwenden? Geben Sie Beispiele.*
- *Eine andere Möglichkeit, Börsenberichte interessanter zu gestalten, ist die Verwendung von* Metaphern *als Stilmittel. Was ist eine Metapher?*

Gruppenarbeit

Teilen Sie sich in Gruppen.
Gruppe I sucht alle Metaphern aus den Texten *Aktienmärkte* auf den Seiten 45 und 47 heraus; Gruppe II sucht alle Metaphern aus dem nachfolgenden Text *Aktien schlugen die Renten klar* heraus.
Dann informieren Sie bitte die andere Gruppe über die von Ihnen gefundenen Ergebnisse.

Aktien schlugen die Renten klar

Halbjahresbilanz an den deutschen Börsen

Frankfurt. Aktien schlugen Renten nach den ersten sechs Monaten des Jahres um Längen. Während sich die Kurse von Dividendenwerten seit Jahresbeginn um durchschnittlich gut zwölf Prozent in die Höhe schraubten, gab es am Rentenmarkt lange Gesichter.

Die durchschnittliche Umlaufsrendite erhöhte sich von 6,35 auf etwa 6,90 Prozent, was bedeutet, daß die Zinsgutschriften von Kursverlusten völlig aufgezehrt worden sind.

Bis in den April hinein herrschte auch am Aktienmarkt Flaute. Durch Verbrauchssteuererhöhungen und höhere Rohstoffpreise begann sich ein gefährliches Inflationspotential aufzubauen, was die Bundesbank dazu veranlaßte, den Geldhahn zu drosseln und die Zinsen heraufzuschrauben. Der kräftig anziehende Dollarkurs, – hohe Zinsen in den USA und die Quellensteuer – hielten die internationale Kundschaft in Schach.

Der Knoten platzte erst, als sich Supermeldungen über hervorragende Umsatz- und Gewinnsteigerungen deutscher Unternehmen verstetigten, die so manchen auswärtigen Portefeuille-Manager auf einen Anlagenotstand in deutschen Titeln aufmerksam machten. Gemessen am Kurs/Gewinnverhältnis gab es auf der Welt kaum noch billigeres als deutsche Aktien. Im Juni fegte daher ein Sturm durch die deutschen Börsen, an denen täglich bis zu zehn Milliarden Mark umgesetzt wurden.

Nieten zu ziehen war nicht ganz einfach. Unter den großen Publikumswerten standen lediglich Daimler unter keinen guten Stern und gaben leicht nach. Auch die Farben mit Gewinnen zwischen ein und zwei Prozent blieben graue Mäuse. Die Überflieger des ersten Semesters bildeten Holzmann (plus 77 Prozent), Preussag (plus 65 Prozent) sowie Klöckner und Hoesch, die rund die Hälfte hinzugewannen. Der Rentenmarkt litt dagegen unter den Dollar- und US-Zinsvorgaben. Der Nettoabsatz inländischer Festverzinslicher unterschritt bis April mit 16,4 Milliarden Mark den schon niedrigen Vorjahresstand um fast drei Milliarden Mark. Auch die später aufgehobene Quellensteuer vermochte nicht, Anleger aus der Reserve zu locken. **Harald Manke**

Schriftliche Aufgaben

Versuchen Sie nun, den Text *Aktien schlugen die Renten klar* auf eine sachliche Weise zu schreiben.
Danach nehmen Sie sich bitte den nachfolgenden Text vor. Versuchen Sie ihn durch die Verwendung von Metaphern, die Sie gefunden haben, farbiger zu gestalten.

Deutsche Börsen zeigen positive Entwicklung

Aufgrund der Streiks in den führenden Industrien waren die Umsätze an der Börse lange Zeit gering gewesen. Doch im Februar erfolgte plötzlich eine Änderung, und im März nahmen die Umsätze schnell zu.
Es besteht jedoch die Gefahr, daß dieser positive Trend gestoppt werden könnte. Die Furcht vor Inflation und steigenden Zinsen könnte dazu führen, daß die Nachfrage nach Aktien nicht zu dem starken Aufschwung führen wird, wie manche Anleger insgeheim vielleicht hofften.
Auf der anderen Seite aber steht die positive Wirtschaftsentwicklung der Bundesrepublik. Es kann also davon ausgegangen werden, daß die Kurse der großen Aktien kaum eine Veränderung zeigen werden. Es gibt jedoch keine extremen Entwicklungen, das steht fest: weder Aktien, deren Kurse unverhofft ansteigen, noch solche, bei denen starke Verluste eintreten.

DAS BÖRSENSPIEL

Für dieses Spiel benötigen Sie folgendes Material aus dem Buch:

- die Texte *Aktienmärkte* (vgl. Seite 45 und 47)
- den Text *Aktien schlugen die Renten klar* (vgl. Seite 49)
- den Stockmaster (vgl. Seite 50 und 51)

Zur Spielvorbereitung machen Sie sich bitte mit dem Stockmaster vertraut.

Zum Spielvorgang:

1. Schritt: Die Gruppe wird in zwei Untergruppen aufgeteilt, in die sog. *Aktienanleger* und die sog. *Anlageberater*.
2. Schritt: Jeder Aktienanleger sucht sich einen Anlageberater. Dieser soll ihm aufgrund des Spielmaterials Kaufempfehlungen bezüglich solcher Aktien geben, die gewinnträchtig erscheinen.
3. Schritt: Nach der Anlageberatung formieren sich jeweils vier Aktienanleger zu einer Gruppe.
   Korrespondierend zu diesen Gruppen formieren sich die Anlageberater entsprechend.
   In den Vierergruppen werden die Kaufempfehlungen vorgestellt und kritisch gegeneinander abgewogen. Es sollte eine optimale Anlagelösung gefunden werden.
4. Schritt: Die Ergebnisse werden in der Großgruppe vorgestellt und miteinander verglichen.

Schriftliche Aufgabe
Der Rat des Fachmanns/der Fachfrau

Aufgrund der im Börsenspiel gewonnenen Ergebnisse verfassen Sie bitte eine gut begründete Antwort auf die folgende Frage einer Leserin eines Wirtschaftsmagazins:

„Wie lege ich 10 000 DM an, die frei verfügbar sind, ohne daß ich ein extremes Risiko eingehe?"

Stockmaster

FRANKFURT	19. Woche: + 0,8 %			
	Index: 1380,07 nach 1369,57			
CHEMIE	Kurs 9.5.	% pro Wo*	Höchststand (seit 2.1.)	Tiefststand (seit 2.1.)
BASF	303,2	+0,4	306	279,3
Bayer	303,5	+0,8	313	289,3
Baiersdorf	580	+1,9	586	528
Henkel VZ*	529	+1,1	532	502
Hoechst	303,9	+0,6	312	289,3
Schering	648,5	+1,9	652	567,2
Wella VZ*	614,5	−0,2	635	582
ELEKTRO				
AEG	218	−0,4	225,7	192,7
Nixdorf VZ*	309,2	+2,3	348,5	287
SEL	309,5	−3,7	329	249
Siemens	530,5	−0,8	559	502,2
Schneider Rundfunk	712	−0,5	735	570,5

FAHRZEUG- und MASCHINENBAU	Kurs 9.5.	% pro Wo*	Höchststand (seit 2.1.)	Tiefststand (seit 2.1.)
BMW	511	−0,6	545,5	498,5
Daimler-Benz	658,5	−1,8	773,5	642,5
Porsche VZ*	700	0,0	753	615
Volkswagen	338,7	−0,3	363	309,5
MAN	290,7	+2,5	290,7	235,5
Mannesmann	233,1	−1,4	240	204,5
Orenstein & Koppel	225	+0,2	229,5	158
BANKEN u. VERSICHERUNGEN				
Commerzbank	251,8	−0,3	259,3	233
Deutsche Bank	553,2	−0,2	582,5	498,5
Dresdner Bank	325	−0,5	336	299,5
Allianz Versicherung	1780	−0,4	1965	1699
Albingia	1100	0,0	1140	1100
HANDEL, BRAUEREIEN				
Horten	261	+4,4	261	209,5
Karstadt	504	+5,2	510,5	384
Kaufhof	473	+1,9	474	373
CO OP	148	−7,2	345	148
Bavaria	550	+13,4	664,5	483
Holsten	511	+3,6	550	410
SONSTIGE				
Drägerwerk VZ*	280	0,0	315	277
Feldmühle	354	−1,6	365	272
Herlitz VZ*	174,5	−3,0	183	150,5
Phoenix	237,2	+0,9	237,2	160,4
Puma VZ*	328	−7,3	356	251
Salamander	332	−2,9	365,5	291

Erläuterungen

* % pro Woche: die Veränderung in Prozent gibt an, wie hoch die Gewinne bzw. die Verluste der Wertpapiere in der letzten Woche ausfielen

VZ*:   Vorzugsaktie; das sind Aktien, die ihren Inhabern Sonderrechte einräumen (z.B. auf erhöhte Dividende), oft aber dafür das Stimmrecht einschränken

Währungen

Schauen Sie sich bitte die Abbildung an: Handelt es sich hierbei um Geld oder um Währung?
Worin liegt der Unterschied?
Lesen Sie dazu ein paar Eintragungen aus einem Wirtschaftslexikon:

Währung — Die in einem Land gesetzlich anerkannten Zahlungsmittel. Im weiteren Sinne: die gesetzliche Ordnung des Geldwesens. → *Geld.*

Geld — Allgemein anerkanntes Zahlungsmittel in einer Volkswirtschaft. Geld dient als Recheneinheit, Tauschmittel und Wertaufbewahrungsmittel. Man unterscheidet zwischen Bargeld (Banknoten und Münzen) und → *Buchgeld.*

Buchgeld — Einlagen (Guthaben) von Kunden bei Kreditinstituten, über die jederzeit ohne Einschränkung verfügt werden kann (= Sichteinlagen). Bei bargeldlosem Zahlungsverkehr ersetzt dieses Buchgeld das Bargeld.

Mit dem Thema *Währungen* betreten wir ein sehr umfangreiches und schwieriges Sachgebiet. Deshalb wollen wir uns hier nur auf solche Themenbereiche beschränken, die den breitesten Raum in der deutschen Wirtschaftspresse einnehmen, nämlich

- die Situation der D-Mark, insbesondere im Hinblick auf andere Währungen

- die Stellung des US-Dollars und die Gründe für sein ständiges Auf und Ab an den Devisenmärkten und

- die Auswirkungen der Dollarschwankungen auf die bundesdeutsche Wirtschaft.

WÄHRUNG ALS GESETZLICHES ZAHLUNGSMITTEL

Das gesetzliche Zahlungsmittel der Bundesrepublik ist die D-Mark.

- *Kennen Sie die Währungen anderer Länder, insbesondere die der EG?*

Der folgende Text und die Grafik informieren Sie über die Entwicklung und den Werdegang der Deutschen Mark seit ihrer Schaffung im Jahr 1948.

iwd

Deutsche Mark

Von Midlife-Crisis keine Spur

Die Deutsche Mark wird am 20. Juni vierzig Jahre alt. Sie hat sich in dieser Zeit hervorragend entwickelt und präsentiert sich zu ihrem Jubiläum in ausgezeichneter Verfassung. Für die Zukunft zeichnen sich neue, insbesondere europäische Herausforderungen ab.

Als die D-Mark im Sommer 1948 von den Alliierten aus der Taufe gehoben wurde, war ihr Schicksal ungewiß. Die Bevölkerung stand noch unter dem unmittelbaren Eindruck der zweiten Hyperinflation innerhalb einer Generation, die Bundesrepublik war als eigenständiger Staat noch nicht gegründet.

Doch bald schon zeigte sich, daß die junge deutsche Währung nicht das gleiche Schicksal erleiden würde wie ihre beiden Vorgängerinnen Mark und Reichsmark. Im Gegenteil: Bereits in den fünfziger Jahren erwarb sich die D-Mark den Ruf als eine der härtesten Währungen der Welt. Daran hat sich bis heute nichts geändert (Graphik):

○ *Der DM-Binnenwert* hat sich im langfristigen Durchschnitt nur um knapp 3 Prozent pro Jahr verringert.

▷ **Die Mark von 1949 besitzt heute immerhin noch eine Kaufkraft von 35 Pfennigen oder rund einem Drittel ihres damaligen Wertes.**

Ein Wertverlust von rund zwei Dritteln mag auf den ersten Blick hoch erscheinen. Allerdings: International betrachtet liegt die D-Mark in Sachen Werterhaltung ganz vorne:

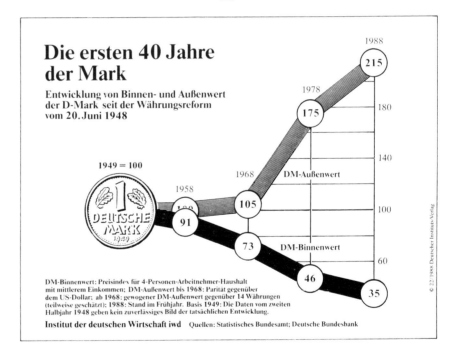

Die ersten 40 Jahre der Mark

Entwicklung von Binnen- und Außenwert der D-Mark seit der Währungsreform vom 20. Juni 1948

1949 = 100

1988 · 215
1978 · 175
1968 · 105 · DM-Außenwert
1958 · 100
91
73 · DM-Binnenwert
46
35

180
140
100
60

DM-Binnenwert: Preisindex für 4-Personen-Arbeitnehmer-Haushalt mit mittlerem Einkommen; DM-Außenwert bis 1968: Parität gegenüber dem US-Dollar; ab 1968: gewogener DM-Außenwert gegenüber 14 Währungen (teilweise geschätzt); 1988: Stand im Frühjahr. Basis 1949: Die Daten vom zweiten Halbjahr 1948 geben kein zuverlässiges Bild der tatsächlichen Entwicklung.

Institut der deutschen Wirtschaft iwd   Quellen: Statistisches Bundesamt; Deutsche Bundesbank

© 22 1988 Deutscher Instituts-Verlag

□ In den USA sank der Binnenwert der Währung während der letzten vier Jahrzehnte auf ein Fünftel, in Japan auf ein Sechstel, in Frankreich und Großbritannien jeweils auf weniger als ein Zehntel. Selbst der Schweizer Franken wurde noch stärker durch Inflation ausgehöhlt als die D-Mark.

Der deutsche Stabilitätsvorsprung im Inneren kommt auch in der Wertentwicklung gegenüber ausländischen Währungen klar zum Ausdruck:

○ *Der DM-Außenwert* hat sich gegenüber einem Bündel von 14 wichtigen Währungen seit Ende der vierziger Jahre mehr als verdoppelt (Graphik).

▷ **Für eine Einheit ausländischer Währung müssen Bundesbürger heute im Durchschnitt nicht einmal halb soviel Deutsche Mark hinlegen wie damals.**

Die langfristige Erfolgsbilanz verdeckt, daß es zwischenzeitlich immer auch schwierigere Phasen zu bewältigen gab. Beispiel 1980/81: Damals – es war eine außergewöhnliche Phase hoher Leistungsbilanzdefizite – verlor die D-Mark gegenüber den wichtigsten Währungen im Durchschnitt um 6 Prozent an Wert. Erst als die Bundesbank drastische Maßnahmen ergriff, konnte sich der Wechselkurs wieder erholen.

Außenwert

Kaufkraft der inländischen Währung im Ausland nach Umrechnung über den Wechselkurs. Binnenwert und A. einer Währung weichen jedoch häufig voneinander ab, da der Wechselkurs abhängig von der Stabilität einer Währung ist. Herrscht im Inland eine hohe Inflationsrate (Geldwertverlust), so wirkt sich das auf den Außenwert aus – die Währung wird „weich". Will nun jemand aus diesem Land Geld in ausländischer Währung eintauschen, so muß er mehr eigenes Geld aufwenden, als er kaufkraftmäßig fremdes Geld bekommt. Länder mit stabiler Volkswirtschaft und Währung, d.h. mit recht geringen Geldwertverlusten, wie z.Zt. DM und Schweizer Franken, sind international gefragt und als recht „hart" anzusehen. Sie stehen aber immer in der Gefahr der Aufwertung, da die Nachfrage das Angebot übersteigt.

Bilden Sie nun zwei Gruppen.

Gruppe I behandelt den Binnenwert der DM.

- *Versuchen Sie, eine Erklärung für den Begriff* Binnenwert *zu finden.*
- *Erläutern Sie dann bitte die Kurve des DM-Binnenwerts in der Graphik.*

Die Lösung des folgenden Beispiels können Sie zur Veranschaulichung dabei benutzen:
Nehmen wir an, ein Brot hat 1949 eine D-Mark gekostet (DM 1,—).

- *Wieviel Geld hätte man 1958, 1968, 1978 und 1988 dafür bezahlen müssen?*

Gruppe II behandelt den Außenwert der DM.

- *Versuchen Sie, eine Erklärung für den Begriff* Außenwert *zu finden.*
- *Erläutern Sie dann bitte, warum die Kurve des Außenwerts der DM in der Graphik angestiegen ist.*

Nach Abschluß dieser Aufgabe wählt jede Gruppe einen Sprecher, der die andere Gruppe über die gefundenen Ergebnisse informiert.
Jetzt sind Sie in der Lage zu erklären, warum die beiden Kurven zum DM-Binnen- und DM-Außenwert auseinanderklaffen.

- *Wie könnte die Erklärung lauten?*

Vokabel-Tip

die Kaufkraft des Geldes = darunter versteht man diejenige Gütermenge, die z.B. für DM 10 gekauft werden kann; kann ich aufgrund von Preissteigerungen für dieselbe Geldsumme weniger kaufen, dann ist die Kaufkraft meines Geldes gesunken (umgekehrt gilt entsprechendes)

der Wechselkurs (= *die Parität*) = Preisverhältnis, zu dem verschiedene Währungen getauscht werden

Sie haben jetzt etwas über das gesetzliche Zahlungsmittel der Bundesrepublik – die D-Mark – gelernt.

- *Aber ist sie auch in anderen Landern gültig?*
- *Ist die Währung Ihres Landes auch im Ausland gültig?*

Im folgenden Text können Sie eine Antwort darauf finden:

Geldverkehr mit dem Ausland

In unserer multinationalen Welt gibt es nur nationale Währungen. Bei allen Zahlungen über die Landesgrenzen hinweg müssen deshalb einheimische Zahlungsmittel in ausländische umgetauscht werden.
Solche Tauschgeschäfte erfolgen zum jeweils gültigen Wechselkurs, auch Devisenkurs genannt. So nennt man den Preis in DM, der für eine Fremdwährungseinheit zu bezahlen ist (z.B. 1 US $ = 2,00 DM).
Fremde Währungen werden an der Devisenbörse gehandelt, wo sich die Wechselkurse frei nach Angebot und Nachfrage bilden. Bei diesen Währungen handelt es sich jedoch nicht um ausländisches Bargeld, wie es z.B. ein Tourist oder eine Touristin besitzt (das sind Sorten), sondern um Guthaben oder Forderungen (z.B. Wechsel, Schecks, Wertpapiere) bei ausländischen Banken.
In der Bundesrepublik werden an den Devisenbörsen in Westberlin, Düsseldorf, Frankfurt, Hamburg und München 17 Währungen gehandelt.

Definieren Sie nun folgende Begriffe:
die Devisen
die Devisenbörse
die Sorten
der Wechsel
der Scheck

Devisen- und Sortenwechselkurse

Im Wirtschaftsteil der großen Zeitungen werden täglich die amtlichen Notierungen für alle frei umtauschbaren Währungen veröffentlicht (= amtliche Kassakurse für Devisen). Unter Geld(-kurs) wird der Ankaufskurs, unter Brief (-kurs) der Verkaufskurs verstanden.
In dieser Tabelle erscheinen die Sortenkurse nicht, da diese nicht an der Devisenbörse gehandelt, sondern von den Banken individuell festgesetzt werden. Sie liegen in der Regel über den Devisenkursen, da die Banken die Kosten, die durch den Transport und die Versicherung der Sorten entstehen, abdecken müssen. Außerdem haben die Banken durch deren Lagerung einen beträchtlichen Zinsausfall.

Devisen und Noten

21.4.89	Dis-kont-satz	Frankfurter Devisen Geld	Brief	Wechs. Ankfs.-Kurs³)	Noten-verk.* (DM)	Zürich Noten-verk.
Am. Dollar¹) 7		1.8441	1.8521	1.8300	1.8950	1.67
Aust.Dollar¹)*)		1.4670	1.4790	—	1.54	—
Belg. Franc 8.25		4.766	4.786	4.756	4.84	4.25
Brit. Pfund¹)		3.165	3.179	3.116	3.25	2.87
Dän. Kronen 7		25.615	25.735	25.515	26.55	23.05
D-Mark..............4.5		—	—	—	—	88.70
Finnmark..............7		44.54	44.74	44.065	45.45	40.00
Fr. Franc		29.415	29.575	29.330	30.40	26.60
Gr.Drach.*)......20.5		1.151	1.191	—	1.34	—
Holl. Gulden 5.5		88.51	88.73	88.555	89.70	79.00
Ir. Pfund¹)......13.25		2.660	2.674	2.650	2.77	—
It. Lire²)...........13.5		1.356	1.366	1.3415	1.415	1.225
Jap. Yen 2.5		1.4050	1.4080	1.4055	1.43	1.27
K.Dollar¹) 12.61		1.5582	1.5662	1.5367	1.62	1.40
Neus.Dollar¹)*)		1.1270	1.1390	—	1.30	—
Norw. Kronen.........		27.425	27.545	27.135	28.30	24.80
Öst. Schill...........5		14.186	14.226	14.197	14.35	12.70
Port. Escudos 15		1.196	1.216	1.186	1.37	1.14
Südaf. Rd. F¹)*)......		0.4445	0.4610	—	0.83	—
Südaf. Rd. H¹)*)		0.7245	0.7365	—	—	—
Schw.Kron........8.5		29.245	29.405	28.940	30.20	26.35
Schw.Frank........4.5		113.15	113.35	113.250	114.75	—
Span.Pes. 13.75		1.602	1.612	1.586	1.665	1.46
Türk.Lira*)		0.0886	0.0909	—	0.145	—

100 Einh.; ¹) 1 Einh.; ²) 1000 Einh.; *) nicht amtl.
Quelle: Berliner Handels-und Frankfurter Bank (BHF-Bank)

Europäische Währungseinheit (Ecu) am 20. April:
In D-Mark 2,08011 (Ecu-Leitkurs: 2,05853)
In Dollar 1,11762 (12. März 1979: 1,35444)

Devisen und Noten

22.5.89	Dis-kont-satz	Frankfurter Devisen Geld	Brief	Wechs. Ankfs.-Kurs³)	Noten-verk.* (DM)	Zürich Noten-verk.
Am. Dollar¹) 7		2.0097	2.0137	1.9925	2.06	1.79
Aust.Dollar¹)*)		1.4860	1.4980	—	1.54	—
Belg. Franc 8.25		4.7690	4.7890	4.763	4.86	4.34
Brit. Pfund¹)		3.1640	3.1780	3.135	3.26	2.91
Dän. Kronen 7		25.62	25.74	25.545	26.55	23.55
D-Mark..............4.5		—	—	—	—	90.25
Finnmark..............7		44.895	45.0950	44.58	45.80	40.70
Fr. Franc		29.475	29.635	29.435	30.45	27.00
Gr.Drach.*)......20.5		1.162	1.1202	—	1.34	—
Holl. Gulden 5.5		88.61	88.83	88.615	89.80	80.75
Ir. Pfund¹)......13.25		2.6690	2.6830	2.661	2.77	—
It. Lire²)...........13.5		1.3740	1.3840	1.3580	1.42	1.260
Jap. Yen 2.5		1.4125	1.4155	1.4195	1.435	1.285
K.Dollar¹) 12.30		1.6800	1.6880	1.6583	1.735	1.151
Neus.Dollar¹)*)		1.1905	1.2025	—	1.30	—
Norw. Kronen.........		27.77	27.89	27.515	28.55	25.40
Öst. Schill...........5		14.193	14.233	14.203	14.35	12.95
Port. Escudos 15		1.2026	1.2220	1.194	1.37	1.16
Südaf. Rd. F¹)*)......		0.4830	0.5035	—	0.73	—
Südaf. Rd. H¹)*)		0.7170	0.7290	—	—	—
Schw.Kron........9.5		29.69	29.85	29.43	30.50	27.05
Schw.Frank........4.5		111.915	112.115	111.81	113.50	—
Span.Pes. 13.75		1.5970	1.6070	1.5770	1.655	1.49
Türk. Lira*)		0.09300	0.09600	—	0.145	—

100 Einh.; ¹) 1 Einh.; ²) 1000 Einh.; *) nicht amtl.

Quelle: Berliner Handels- und Frankfurter Bank (BHF-Bank)

Europäische Währungseinheit (Ecu) am 22. Mai:
In D-Mark 2,08234 (Ecu-Leitkurs: 2,05853)
In Dollar 1,03393 (12. März 1979: 1,35444)

Stellen Sie sich vor, Sie leben schon eine Weile in der Bundesrepublik und wollen in die USA reisen. Aus diesem Grunde möchten Sie vorher schon DM in Dollar bei Ihrer Schöller Bank umtauschen.
Ermitteln Sie anhand der Tabelle vom 21.4.89, wie die An- und Verkaufskurse für US-Dollar Devisen lauten.

Versuchen Sie dann, einen realitätsnahen An- und Verkaufskurs für US-Sorten bei der Schöller Bank zu bestimmen:

Ankaufskurs für US-Dollar: DM
Verkaufskurs für US-Dollar: DM

Achtung

Der *Ankaufskurs* ist der Kurs, zu dem die *Bank* Devisen oder Sorten *an*kauft.
Der *Verkaufskurs* ist der Kurs, zu dem die *Bank* Devisen oder Sorten *ver*kauft.

- *Wieviel US-Dollar würden Sie auf der Grundlage dieser Sortenkurse für DM 100 bekommen?*

Werfen Sie nun einen Blick auf die Tabelle vom 22.5.89.

- *Wie lauteten die Devisenkurse zu diesem Zeitpunkt?*
- *Wenn Sie 100 DM zu diesem Zeitpunkt in US-Dollar eingetauscht hätten, wieviel Dollar hätten Sie dann bekommen?*
- *In welcher Weise hat sich das Wertverhältnis zwischen DM und Dollar in den Monaten April und Mai 1989 verändert?*

Halten wir also fest:
Der Dollar hat im Zeitraum April/Mai gegenüber der DM an Wert zugenommen, oder anders ausgedrückt: die DM hat gegenüber dem Dollar in dem selben Zeitraum an Wert verloren.
Hat bei den folgenden Beispielen der Wert des Dollars (des Pfundes, der DM) zu-oder abgenommen?

6.1.89   £1 = $1,80
18.1.89   £1 = $2,00
6.1.88 $1 = DM 1,68
17.1.88 $1 = DM 1,71

Schauen Sie sich die Wechselkurstabelle vom 22.5.89 noch einmal an und stellen Sie fest, ob die DM gegenüber anderen wichtigen Währungen an Wert zu- oder abgenommen hat.

WIRKUNGEN DER DOLLARSCHWANKUNGEN

Betrachtet man die Entwicklung der Kursveränderungen der Währungen wichtiger Industriestaaten, so fällt auf, daß der Dollarkurs besonders stark schwankt (vgl. Graphik).

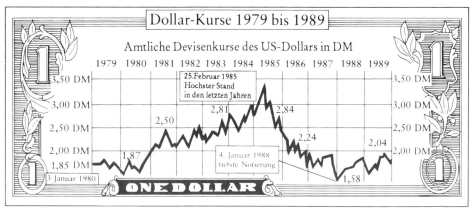

- *Welcher DM-Dollar-Kurs herrscht zur Zeit? Bitte informieren Sie sich darüber in der bundesdeutschen Wirtschaftspresse.*

Dies ist um so bedeutender, weil der amerikanische Dollar immer noch die 'Weltwährung Nummer Eins' ist, d.h.

- er wird für internationale Zahlungsvorgänge weltweit bevorzugt
- er wird von den Zentralbanken als Währungsreserve benutzt
- er wird weltweit als Geldvermögen gehalten.

Da die Bundesrepublik wie kein anderes großes Industrieland auf den Export ausgerichtet ist (1988 arbeitete jeder vierte Arbeitnehmer in der BRD für den Export), wird sie von Dollarschwankungen besonders hart getroffen.

Gruppenarbeit

Versuchen Sie, die Folgen der Dollarkursschwankungen für die Wirtschaft der Bundesrepublik in Stichworten zu beschreiben.

	Erstarken des Dollars (z.B. Anfang 1985)	Verfall des Dollars (z.B. Anfang 1988)
beim Export deutscher Waren	Exportkraft: Konjunktur: Arbeitsplätze:	Exportkraft: Konjunktur: Arbeitsplätze:
beim Import von US-Waren	Auslandskonkurrenz: Arbeitsplätze: Preise:	Auslandskonkurrenz: Arbeitsplätze: Preise:

Schriftliche Aufgabe

Unten sehen Sie die Prognoseergebnisse eines führenden bundesdeutschen Forschungsinstituts für die wirtschaftliche Entwicklung der Bundesrepublik für das kommende Jahr. Als diese Prognose erstellt wurde, ging man von einem Dollarkurs von höchstens DM 2 aus. Stellen Sie sich vor, daß sich die Situation geändert hat, und daß man jetzt mit einem durchschnittlichen Dollarkurs von DM 3,50 rechnet. Verfassen Sie einen Artikel für den Wirtschaftsteil einer Tageszeitung, indem Sie eine korrigierte Prognose auf der Grundlage des höchsten Dollarkurses darlegen.

Prognose	
Wirtschaftswachstum (BSP, real)	3%
Preise (Lebenshaltung)	3,5–4%
Privater Verbrauch	3%
Investitionen (brutto, real)	5%
Exporte (real)	4,5%
Importe (real)	5%
Einkommen (brutto, aus Arbeitnehmertätigkeit)	4,5%
Arbeitslose	2,10 Mio.

Die Ursachen der Dollar-Wechselkursschwankungen

Faites votre Jeu

HANDELSBLATT: Bensch

Diese Karikatur erschien in der Wirtschaftszeitung *Handelsblatt* nach hektischen Auf- und Abwärtsbewegungen des Dollars.

- Wie würden Sie diese Karikatur interpretieren?
- Können Sie ernstzunehmende Ursachen für die Kursschwankungen des Dollars nennen?

Arbeitsauftrag

Nachfolgend sehen Sie eine Übersicht über mehrere politische und wirtschaftliche Ereignisse in einem Zeitraum von drei Monaten.
Bitte teilen Sie sich in drei Gruppen.
Jede Gruppe bearbeitet die Ereignisse eines Monats.
Versuchen Sie innerhalb der Gruppe Vermutungen anzustellen, inwieweit diese Geschehnisse Auswirkungen auf den Dollar-DM-Kurs des jeweiligen Monats gehabt haben könnten.

Vokabel-Tip

der Leitzins = in der BRD fungieren der Diskontsatz und der Lombardsatz als Leitzins
der Diskontsatz = Zinssatz, den die Deutsche Bundesbank beim Ankauf von Wechseln berechnet; die Veränderung des Diskontsatzes dient der Regulierung der Geldversorgung und des Zinsniveaus
die Bundesbank = unabhängige Zentralbank der BRD mit Sitz in Frankfurt und Niederlassungen in den Bundesländern; sie hat das alleinige Recht zur Ausgabe von Banknoten (Notenbank), sie reguliert den Geldumlauf und die Kreditversorgung der Wirtschaft mit dem Ziel, die Währung zu sichern
die Handelsbilanz = die Gegenüberstellung von Warenein- und -ausfuhr für einen bestimmten Zeitraum

Zeittafel ausgesuchter politischer und wirtschaftlicher Ereignisse

Notieren Sie hier, ob der Wert des $ stark, mittelstark oder schwach gesunken (↓) bzw. gestiegen (↑) oder unverändert (→) geblieben sein könnte.

4. April	An der Börse kursiert das Gerücht, daß Japan und die Bundesrepublik ihre Leitzinsen anheben wollen.	↓ mittelstark
7. April	Veröffentlichung der US-Arbeitsmarktstatistik für März. Auffallend ist der geringe Rückgang der Arbeitslosenrate (um 0,1%) und der kräftige Anstieg der Stundenlöhne in der Industrie (Inflationsgefahr!).	
12. April	In der Bundesrepublik und in Japan durchleben die Regierungen eine politische Krise. In Großbritannien drohen Streiks der Dock-Arbeiter.	
13. April	Kabinettsumbildung in Bonn. Der neue Finanzminister kündigt an, daß die Vermögensteuer abgeschafft wird.	
20. April	Überraschend hat die Bundesbank die Leitzinsen angehoben.	
3. Mai	Politische Unsicherheiten in Tokio, Bonn und Den Haag.	
17. Mai	Veröffentlichung der US-Handelsbilanz für März: das Defizit ist überraschend niedrig ausgefallen.	

23. Mai Der Präsident der Deutschen Bundesbank erklärt, daß gegenwärtige Dollarinterventionen zwecklos seien. Aus Washington hört man, daß man über die jüngste Dollar-Hausse besorgt ist.

26. Mai Veröffentlichung der Revision des US-Bruttosozialprodukts für das erste Quartal zeigt, daß sich das Wirtschaftswachstum in den USA abschwächt.

5. Juni Politische Unruhen in China und Tod des allherrschenden Führers im Iran.

13.–15. Das Pfund steht schwach aufgrund

Juni sich verschärfender Arbeitskämpfe in Großbritannien.
Die politischen Unruhen in China weiten sich aus.
Veröffentlichung der neuen US-Außenhandelszahlen: leichte Verschlechterung zeichnet sich ab.

23. Juni Ein privates Wirtschaftsforschungsinstitut in den USA eröffnet, daß sich die drei großen Industriestaaten darauf verständigt haben, innerhalb der nächsten drei Monate den Dollarkurs auf 1,80 DM zurückzuführen.

Überlegen Sie sich nun anhand Ihrer Vermutungen den exakten Dollarkurs an den entsprechenden Tagen und tragen Sie diese Daten in das untenstehende Koordinatensystem ein.

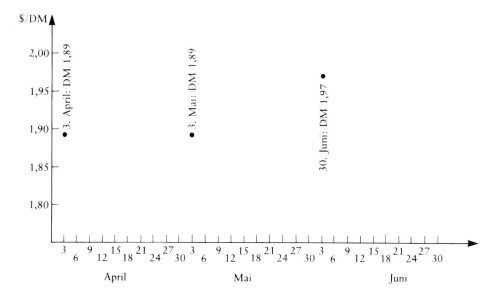

Nehmen Sie sich jetzt die Übersicht über die tatsächliche Dollar-DM-Kursentwicklung in den Monatszeiträumen vor und tragen Sie diese Kurse mit einer anderen Farbe in das obige Koordinatensystem ein.

Vokabel-Tip

das Fixing = Festsetzung des amtlichen Mittelkurses
per saldo = insgesamt
konzertiert = gemeinsam

Zeittafel der Entwicklung des Dollar-DM-Wechselkurses

4. April Insgesamt schwächer tendierte am Dienstag der US-Dollar nach den Interventionen der Bank von Japan und der Bundesbank am Vortag. Zum Fixing in Frankfurt verlor der Dollar per saldo 2,14 Pfennige auf 1,8703 DM.

7. April Nach einem ersten Rückschlag bis auf 1,8635 DM zog der Dollar am späten Nachmittag wieder an. Zuvor hatte er beim Fixing in Frankfurt wenig verändert mit 1,8693 DM notiert.

12. April Insgesamt gut behauptet notierte zur Wochenmitte nach zumeist sehr ruhigem Handelsverlauf der US-Dollar. Zum Fixing in Frankfurt legte er per saldo 0,23 Pfennige auf 1,8853 DM zu.

13. April Auf breiter Front fester tendierte am Donnerstag die D-Mark. Zum Fixing in Frankfurt verbilligte sich der Dollar um 1,38 Pfennige auf 1,8715 DM.

21. April Beim Freitagfixing in Frankfurt notierte die US-Devise mit 1,8481 DM um 1,32 Pfennige unter ihrem Vortagsniveau.

3. Mai Trotz anhaltender Interventionen der New Yorker Federal Reserve Bank (Fed) und anderer Zentralbanken hielt sich der US-Dollar insgesamt recht stabil. Zum Fixing in Frankfurt verteuerte er sich um 0,18 Pfennige auf 1,8906 DM.

18. Mai Nach recht hektischen Kursschwankungen bremsten im späten Donnerstaghandel konzertierte Zentralbankinterventionen die Dollar-Hausse. Bereits zum Fixing in Frankfurt lag der Dollar mit 1,9793 DM um 3,54 Pfennige über dem Vortagsniveau.

23. Mai Insgesamt recht stabil hielt sich bei eher nervösem Geschäft am Dienstag der US-Dollar. Beim Fixing in Frankfurt verbilligte er sich per saldo um 0,64 Pfennige auf 2,0073 DM.

26. Mai Das Freitagfixing in Frankfurt legte den US-Dollar bei 1,9630 DM fest.

29. Mai Nach insgesamt recht hektischen Kursschwankungen zum Wochenende notierte der Dollar am Montag in Frankfurt zum Fixing mit 2,0101 DM wieder deutlich fester.

5. Juni Der Kurs des US-Dollars unterliegt derzeit sehr kräftigen Schwankungen. Nach dem Kurseinbruch vom Wochenende in New York rutschte er zum Fixing in Frankfurt auf 1,9541 DM und lag damit um 1,63 Pfennige unter dem amtlichen Mittelkurs vom Freitag.

6. Juni Wieder deutlich fester zeigte sich am Dienstag der US-Dollar. Er verteuerte sich zum Fixing in Frankfurt per saldo um 3,49 Pfennige auf 1,9890 DM.

7. Juni Rückläufig zeigte sich bei nervösem Geschäft der Kurs des US-Dollars. Zum Fixing in Frankfurt verbilligte er sich per saldo um 2,37 Pfennige auf 1,9663 DM.

15. Juni Der amtliche Mittelkurs wurde in Frankfurt mit 2,0402 DM ermittelt.

23. Juni Beim Fixing in Frankfurt notierte die US-Devise mit 1,9524 DM um 0,37 Pfennige niedriger.

Vergleichen Sie nun Ihre spekulative Dollarkurve mit dem tatsächlichen Kursverlauf.

- *Waren Sie eine gute Spekulantin/ein guter Spekulant?*

Teilen Sie Ihre Ergebnisse den anderen Gruppen mit, damit diese ihre Dollarkurve im Koordinatensystem ergänzen können.
Diskutieren Sie dann folgende Fragen in der Gesamtgruppe:

- *Welche politischen und wirtschaftlichen Ursachen können Sie zusammenfassend für die Dollarschwankungen nennen?*
- *Haben diese Ursachen einen starken oder schwachen Effekt auf den Dollar?*
- *Ist es Ihrer Einschätzung nach überhaupt möglich, den Dollarkurs mit einer gewissen Wahrscheinlichkeit vorauszusagen?*

Aufgabe

Beobachten Sie eine Woche lang die wirtschaftlichen und politischen Ereignisse in der Welt und den Wechselkurs des Dollars.
Fertigen Sie im Anschluß daran über Ihre Beobachtungen entweder einen schriftlichen Bericht oder einen mündlichen Report für eine Wirtschaftssendung im Radio an.

Der Europäische Binnenmarkt

Unter Termindruck

HANDELSBLATT: Pielert

Beschreiben Sie die obige Karikatur. Achten Sie besonders auf die Darstellung Europas als Schiff, auf die Baumeister und auf den Fortschritt in der Fertigstellung.

- *Was halten Sie von dem Untertitel* Unter Termindruck?

- *Diese Karikatur erschien im* Handelsblatt *am 17.11.1988. Seitdem ist einige Zeit vergangen. Glauben Sie, daß der Bau des „Europa-Schiffs" seitdem vorangeschritten ist?*

Im folgenden Text lernen Sie die wichtigsten Stationen in der Geschichte der Europäischen Gemeinschaft (EG) kennen.

WERDEGANG DER EUROPÄISCHEN GEMEINSCHAFT

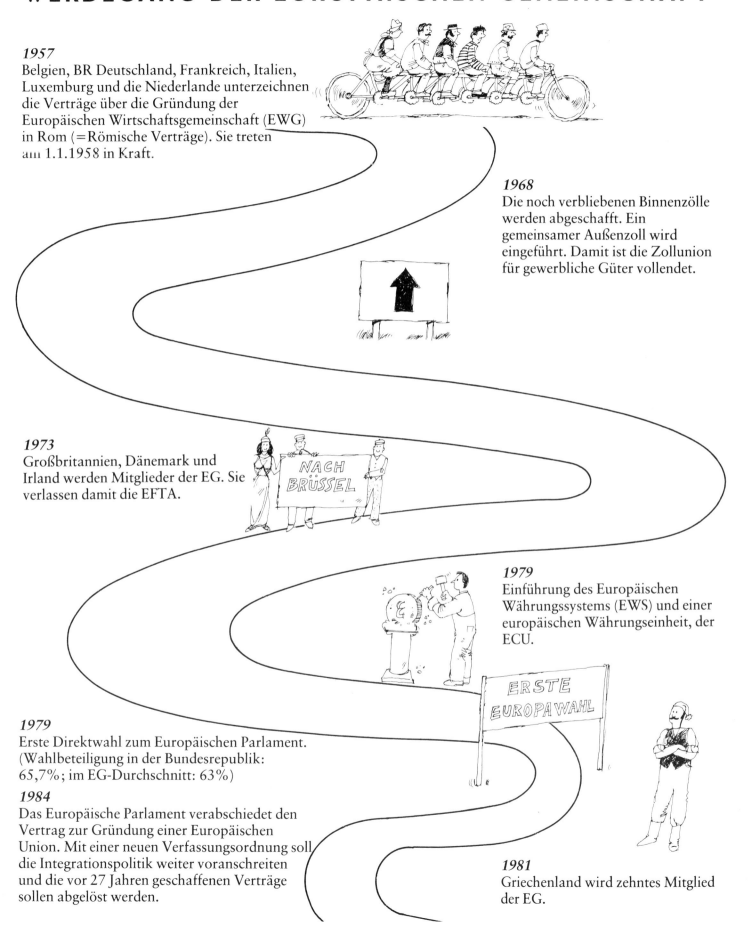

1957
Belgien, BR Deutschland, Frankreich, Italien, Luxemburg und die Niederlande unterzeichnen die Verträge über die Gründung der Europäischen Wirtschaftsgemeinschaft (EWG) in Rom (=Römische Verträge). Sie treten am 1.1.1958 in Kraft.

1968
Die noch verbliebenen Binnenzölle werden abgeschafft. Ein gemeinsamer Außenzoll wird eingeführt. Damit ist die Zollunion für gewerbliche Güter vollendet.

1973
Großbritannien, Dänemark und Irland werden Mitglieder der EG. Sie verlassen damit die EFTA.

1979
Einführung des Europäischen Währungssystems (EWS) und einer europäischen Währungseinheit, der ECU.

1979
Erste Direktwahl zum Europäischen Parlament. (Wahlbeteiligung in der Bundesrepublik: 65,7%; im EG-Durchschnitt: 63%)

1984
Das Europäische Parlament verabschiedet den Vertrag zur Gründung einer Europäischen Union. Mit einer neuen Verfassungsordnung soll die Integrationspolitik weiter voranschreiten und die vor 27 Jahren geschaffenen Verträge sollen abgelöst werden.

1981
Griechenland wird zehntes Mitglied der EG.

ZWEITE EUROPA WAHL

1984
Zweite Direktwahl zum
Europäischen Parlament.
(Wahlbeteiligung in der
Bundesrepublik: 56,8%; im EG-
Durchschnitt: 61%.)

1986
Portugal und Spanien treten der EG
bei.

1987
Inkrafttreten der Einheitlichen Europäischen Akte.
Diese sieht die Vollendung des Europäischen
Binnenmarktes als Raum ohne Binnengrenzen bis
Ende 1992 vor, in dem Menschen, Waren,
Dienstleistungen und Kapital frei verkehren
können. Als Gemeinschaftsaufgaben treten
folgende Bereiche neu hinzu: Umweltschutz,
Sozialpolitik, die Errichtung einer Wirtschafts- und
Währungsunion.

1987
Beitrittsantrag der Türkei zur EG.

1988
Die gemeinsame Agrarpolitk wird
reformiert, der Strukturfonds zur
Hilfe der schwächer entwickelten
Mitgliedsländer wird erhöht und die
Finanzierung der EG wird neu
geordnet.

DRITTE EUROPA WAHL

1989
Dritte Direktwahl zum Europäischen
Parlament. (Wahlbeteiligung in der
Bundesrepublik: 62,4%; im EG-
Durchschnitt: 58,3%.)

1989
Österreich und Norwegen
beantragen Beitritt zur EG.

Bitte ergänzen Sie die Zeittafel.

- *Wenn Sie sich den Werdegang der EG anschauen, erkennen Sie dann eine kontinuierliche Entwicklung oder eine mit zeitweilgen Unterbrechungen? Gibt es Gründe dafür?*
- *Warum wollen immer mehr Staaten in die Europäische Gemeinschaft eintreten?*
- *Welche Schlußfolgerungen können Sie aus nachfolgendem Schaubild ableiten?*

WAS BRINGT UNS DER EUROPÄISCHE BINNENMARKT?

Diese Frage beschäftigt die Experten und Politiker in zunehmendem Maße, je näher das Jahr 1993 heranrückt. Es gibt Befürworter und Gegner des Europäischen Binnenmarkts. Die Berichte und Kommentare über die möglichen Auswirkungen sind daher sehr stark von der politischen Meinung der Verfasser geprägt.
In der folgenden Aufgabe werden Sie in die Lage versetzt, verschiedene Standpunkte zu diesem Thema zu diskutieren.

Rollenspiel

1. Schritt: Die Gesamtgruppe wird in fünf Expertengruppen aufgeteilt, die jeweils ein Thema erarbeiten. Dafür nimmt sich jede Expertengruppe ein Informationsblatt vor (Expertengruppe 1 bearbeitet Informationsblatt E1 etc.), anhand dessen die Vor-bzw. Nachteile eines Aspektes des Europäischen Binnenmarktes (EBM) herausgestellt und erklärt werden sollen.

2. Schritt: Die Expertengruppen lösen sich auf und formieren sich zu Diskussionsgruppen, so daß in jeder Gruppe fünf verschiedene Experten sitzen. Der Experte oder die Expertin E1 übernimmt die Diskussionsleitung in der Gruppe.

3. Schritt: Stellen Sie sich nun vor, Sie sind zu einer Diskussionsrunde im Rundfunk zusammengekommen. Die Sendung trägt den Titel *Was bringt uns der Europäische Binnenmarkt?* und wird mit einem Cassettenrekorder aufgenommen.
Verlauf:
● Die Diskussionsleiterin bzw. der Diskussionsleiter eröffnet die Runde, indem sie/er jede Teilnehmerin bzw. jeden Teilnehmer auffordert, sich mit Namen vorzustellen und das Fachgebiet zu nennen, mit dem sie/er sich näher beschäftigt hat.
● Die Diskussionsleiterin/der Diskussionsleiter leitet die Diskussion ein, indem sie/er über den Cecchini-Report berichtet und diesen in Frage stellt.
● Die Diskussionsteilnehmer sollen die vorgetragenen Meinungen im Hinblick auf die Frage, ob der EBM von Vor- oder Nachteil ist, diskutieren und einen Konsens in dieser Frage finden.
● Die Diskussionsleiterin/der Diskussionsleiter achtet auf die Zeit (ca. 20 Min.) und beendet die Diskussion mit entsprechenden Worten.

4. Schritt: Nach Beendigung des Rollenspiels hört sich jede Diskussionsgruppe die Diskussion einer anderen an und macht sich Notizen über den Verlauf und das Ergebnis der Diskussion. Anhand der Notizen ist ein Bericht zu verfassen, der folgende Punkte beinhalten sollte:
● Thema der Diskussion
● Teilnehmer
● Atmosphäre der Diskussion
● Hauptargumente
● Ergebnis der Diskussion

Informationsblatt E1

Finden Sie anhand des Textes und des Schaubildes heraus, welche Vorteile der EBM laut Cecchini-Bericht bietet.

Versuchen Sie zu erklären, warum es zu diesen Vorteilen kommen kann, z.B. warum das Bruttoinlandsprodukt steigen wird.

Start der neuen LN-Serie: Europa ohne Grenzen – Aufbruchstimmung in Politik und Wirtschaft

Experten verheißen goldene Zeiten

Lübeck. In den Mitgliedsländern der Europäischen Gemeinschaft (EG) herrscht Aufbruchstimmung: Politiker und Unternehmen rüsten sich für den EG-Binnenmarkt 1992. Landauf, landab wird das neue Europa ohne Grenzen beschworen, das dem Einigungsprozeß neue Impulse geben und zu mehr Wachstum und Beschäftigung führen soll.

Der Binnenmarkt, nimmt man die Untersuchungsergebnisse der von dem Italiener Paolo Cec-

chini geleiteten Kommission beim Wort, verheißt goldene Zeiten: So rechnen die Experten mit einer Steigerung des Bruttoinlandsproduktes um 4,5 bis 7,5 Prozent. In der Gemeinschaft der Zwölf könnten nach Inkrafttreten der für die Verwirklichung des Binnenmarktes notwendigen Bestimmungen 1,8 bis 5,7 Millionen neue Arbeitsplätze geschaffen werden.

Auch die Verbraucher werden, so die Cecchini-Kommission, von dem grenzenlosen Markt für 320 Millionen Menschen profitieren: Das Preisniveau soll um 4,3 bis 6,1 Prozent niedriger liegen, als es ohne Binnenmarkt zu erwarten wäre.

Doch selbst diese überaus erfreulichen Perspektiven lösen nicht bei allen Unternehmen oder den Gewerkschaften uneingeschränkten Jubel aus. Gerade die kleineren und mittleren Firmen haben vielfach große Befürchtungen, im Binnenmarkt von den „Großen" an die Wand gespielt zu werden. Schon jetzt ist das „Große Fressen" im Gange: Die europa- und weltweit operierenden Konzerne haben längst ihre Marschroute mit dem Ziel 1992 abgesteckt und einen scheinbar unersättlichen Hunger auf kleinere Unternehmen entwickelt.

Und die Vertretung der Arbeit-

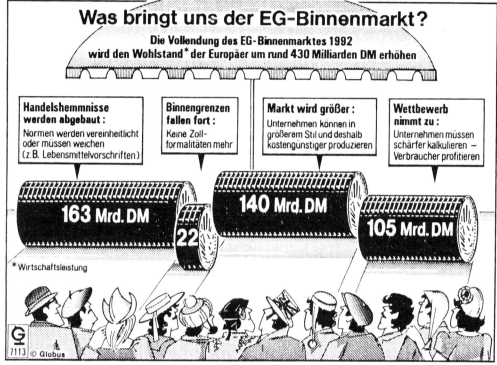

nehmer, die deutschen Gewerkschaften, fürchten um den im Vergleich zu den anderen europäischen Ländern erreichten hohen Standard bei Löhnen, Urlaub, Arbeitszeit und sozialen Leistungen. Die seit einiger Zeit umstrittene Wochenendarbeit ist hierfür

ein Stichwort.

Worum geht es also beim Stichwort EG-Binnenmarkt im einzelnen? Hier die wichtigsten Veränderungen:

● **Materielle Schranken:** Die Kontrollen an den EG-Binnengrenzen entfallen. Das bedeutet

Zeit- und Kostenersparnis durch den Wegfall von Bürokratie.

● **Technische Schranken:** Statt einzelstaatlicher Produktnormen und technischer Vorschriften gelten von allen Mitgliedsländern anerkannte Mindeststandards. Dadurch werden die Produktionskosten gesenkt. Auch das öffentliche Auftragswesen muß sich den Anbietern aus den anderen Mitgliedsländern öffnen.

● **Steuerschranken:** Die wettbewerbsverzerrenden Unterschiede bei den Mehrwertsteuer- und Verbrauchssteuersätzen sollen angeglichen werden.

● **Freizügigkeit:** Zwischen den Mitgliedsländern werden alle Hindernisse für den freien Personen-, Dienstleistungs- und Kapitalverkehr beseitigt.

Gerhard Krüger

In der nächsten Folge:

Die ungleichen Wirtschaftspartner

An vielen Grenzübergängen, wie hier am deutsch-französischen in Kehl, wurden die alten Zoll-Schilder schon ausgetauscht.

Informationsblatt E2

Finden Sie anhand des Textes heraus, welche Vorteile ein gemeinsames Vorgehen der EG im Umweltschutz haben könnte. Versuchen Sie zu erklären, warum es zu diesen Vorteilen kommen kann, z.B. warum die Umwelt durch eine europäische Umweltverträglichkeitsprüfung weniger geschädigt wird.

GESÜNDERE LEBENS- UND UMWELTBEDINGUNGEN

Wenn alle europäischen Länder die Natur schützen, hilft das uns Deutschen am meisten.

Die meisten Probleme machen heute nicht an den Grenzen halt. Industrieabgase und Gewässerverschmutzungen kümmern sich seit jeher nicht um Schlagbäume. Gewiß, Europa ist nicht Allheilmittel für alles. Aber die Chancen, mit gemeinsamen Anstrengungen mehr zu erreichen als allein, sind ungleich größer.

Wir müssen uns auf die Gesundheits- und Sicherheitsvorschriften in den anderen EG-Ländern verlassen können wie auf unsere eigenen. Deshalb wird es EG-weit einen einheitlichen Gesundheits- und Sicherheitsschutz geben, z.B. für Arzneimittel, Kosmetika, Wasch- und Reinigungsmittel, Lacke, Farben, Pflanzenschutzmittel, Spielzeug und elektrische Geräte. Was und wo Sie in der EG auch kaufen, Sie können sich auf die Ihnen bekannte und gleichbleibende Produkt-Qualität verlassen.

✚ Eine verbesserte Lebensmittelkontrolle und das Verbot bestimmter chemischer Stoffe in Produkten des Alltags schaffen gesündere Lebensbedingungen für uns alle.

✚ Schon jetzt gibt es gemeinsame Anstrengungen in der Krebs- und Aidsforschung. Mit der Kampagne ,Europa gegen den Krebs' sorgt die Europäische Gemeinschaft für eine breite Information der Bürger.

✚ Ein ,Europäischer Gesundheitspaß' sichert und vereinfacht die Krankenversorgung im Ausland. – Wichtig, wenn Sie einmal im Urlaub Probleme bekommen!

✚ Durch den Wettbewerb nach 1992 werden die Medikamente billiger. Dies wirkt sich günstig aus auf die Krankenkassenbeiträge.

✚ Damit nicht jedes Land seinen Müll den anderen vor die Tür kippt, werden gemeinsame Regeln für die Abfallbeseitigung das Problem der Entsorgung auf europäischer Ebene lösen.

✚ Künftig soll eine europäische Umweltverträglichkeitsprüfung helfen, negative Auswirkungen von Großprojekten von vornherein möglichst zu vermeiden. Die Umwelt wird also erst gar nicht geschädigt.

✚ Nicht zuletzt: Eine gemeinsame Umweltpolitik der EG sorgt dafür, daß nicht der eine trinken muß, was sein Nachbar weiter oben in den Fluß leitet. Daß die Schadstoffemissionen auch unserer Nachbarn sinken. Daß einheitliche Regelungen für den Schutz der Natur gefunden werden.

„Verwässern wir nicht durch europäische Kompromisse beim Umweltschutz unsere hohen deutschen Standards?"

Es gibt viel mehr europäische Gesetze zugunsten der Umwelt als die meisten von uns wissen. Einige davon sogar mit schärferen Auflagen als die ursprünglichen deutschen Gesetze (z.B. für Trinkwasser oder für Badegewässer). Und was nützen die besten Gesetze hierzulande, wenn die Nachbarstaaten nicht mitziehen.

Informationsblatt E3

Finden Sie anhand des Textes heraus, welche Nachteile ein gemeinsames Vorgehen der EG im Umweltschutz haben könnte. Versuchen Sie zu erklären, warum es zu diesen Nachteilen kommen kann, z.B. warum man die FCKW-Produktion bis 1999 entgegen wissenschaftlicher Empfehlungen nur um 50% drosseln will.

Ökologischer Ausverkauf steht zu befürchten

Über den Stellenwert der Umwelt in der EG-Politik

Von Undine von Blottnitz MdEP

Widerliches Feilschen kennzeichnet die Sitzungen der zwölf Umweltminister. Schnell beugen sich die Herren dem Druck der Industrie, „Fortschritte für den Umweltschutz in Europa" erkannte Deutschlands Umweltminister Klaus Töpfer nach dem peinlichen Gerangel um Abgaswerte und Nordseeschutz, um Ozonloch und Kraftwerksemissionen. Doch was ist „Fortschritt"?

Die Fluorchlorkohlenwasserstoffe (FCKW) und ihre verheerenden Auswirkungen auf die Ozonschicht unseres Planeten sind hinreichend bekannt. Schnelles Handeln ist geboten. Europas „Fortschritt" präsentiert sich so: Bis zum Jahr 1999 will man die FCKW-Produktion um 50 Prozent drosseln. Die Minister schlossen sich damit den Minimalforderungen des von der EG noch nicht einmal ratifizierten Montrealer Protokolls an. Wissenschaft-

ler halten eine Reduzierung der FCKW um mindestens 85 Prozent bis 1995 für nötig.

Großzügig zeigten sich die Minister auch beim Problem des Gift-Ausstoßes europäischer Kraftwerke. Die seit Jahren überfällige Regelung zur Begrenzung der Schwefelverseuchung aus den Schloten wurde mit großer zeitlicher Streckung und zusätzlichen Ausnahmeregelungen verabschiedet. Erst 1993 müssen die Altanlagen (jene, die jetzt laufen) ihre Emissionen um 40 Prozent senken. Bis zum Jahre 2003 sollen es schließlich 70 Prozent werden. Wenig Freude an dieser Gefälligkeit, die vor allem Großbritannien, Irland, Spanien, Italien und Griechenland erzwangen, hat allerdings Frankreich. Die Motivation der Franzosen resultiert jedoch nicht aus einem ernsthaften Interesse an einer sauberen Atemluft.

Paris befürchtet, die Ausnahmen für neue spanische Kohlekraftwerke könnten den französischen Export von Atomstrom beeinträchtigen.

Wirtschaftsinteressen dienen als Entscheidungshilfen

Katastrophales Algenwachstum, Sauerstoffmangel und das furchtbare Robbensterben ließen die Minister kalt. Eine Entschließung zur Reinhaltung der Nordsee kam nicht zustande. Selbst eine Richtlinie zum allgemeinen Verbot der Einleitung von Dünnsäure in Gewässer wurde nicht verabschiedet. Der „Fortschritt für den Umweltschutz in Europa" miert lediglich ein Fortschreiten der Umweltzerstörungen.

Für Diesel-Pkw gab es

bisher keine Grenzwerte für den Ausstoß der krebsverdächtigen Rußpartikel. Beschlossen wurde ein „Zwei-Stufen-Plan". Ab Oktober 1989 soll zunächst der Wert von 1,1 Gramm-Partikel-Emission gelten, allerdings nur für neue Diesel. Altfahrzeuge dürfen bis 1,4 Gramm rußen. Ein strengerer Wert von 0,8 Gramm soll als zweite Stufe eingeführt werden. Wann, weiß niemand. Völlig mißlungen darf man den Versuch einer Abgasrichtlinie für Kleinwagen nennen. Die Franzosen erwiesen sich als hilfreiche politische Vertreter ihrer Automobilindustrie.

Die Liste solcher Ministerratsentschließungen ließe sich leicht fortführen; die Tendenz wird allerdings auch an diesen Beispielen deutlich. Wirtschaftsinteressen dienen als Entscheidungshilfen.

Informationsblatt E4

Finden Sie anhand des Textes heraus, welche Nachteile der EBM für die Rechte der Arbeitnehmerinnen und Arbeitnehmer haben könnte. Versuchen Sie zu erklären, warum es zu diesen Nachteilen kommen kann, z.B. warum die Arbeitslosigkeit in den ersten Jahren des EBM höchstwahrscheinlich steigen statt sinken wird.

Binnenmarkt '92

Was bringt die neue Grenzenlosigkeit?

Das Europa der Arbeitsplätze

Was nützt Europa den 16 Millionen offiziell gemeldeten Arbeitslosen in den 12 Mitgliedsländern?

Die möglichen Auswirkungen des EG-Binnenmarktes untersuchte eine Gruppe von Wirtschaftswissenschaftlern im Auftrag der EG-Kommission. Die zentralen Ergebnisse des „Cecchini-Berichts":

– Einsparungen für die europäischen Unternehmen in den nächsten Jahren rund 400 Milliarden D-Mark.

– Absenkung der Verbraucherpreise um 6 Prozent

– Mindestens 2 Millionen zusätzliche Arbeitsplätze in Europa.

Der Arbeitsplatzzuwachs wird als Saldo gerechnet: 10 Millionen Arbeitsplätze werden voraussichtlich vernichtet, dagegen 12 Millionen neu geschaffen. In der Anfangsphase werden rund 500 000 Arbeitsplätze zusätzlich vernichtet.

Der Bericht macht keine Angaben darüber, welche Arbeitsplätze abgebaut werden und wo neue entstehen. Außerdem unterstellt er, daß die finanziellen Einsparungen der „Unternehmungen" beschäftigungswirksam genutzt werden.

Es darf bezweifelt werden, daß die Arbeitgeber auf europäischer Ebene das praktizieren, was sie innerhalb der BRD auch nicht tun. Damit verdichten sich die Vermutungen, daß zumindest in den ersten Jahren des europäischen Binnenmarktes die Arbeitslosigkeit in der Bundesrepublik Deutschland und in Europa nicht sinken, sondern steigen wird.

Arbeit für die Gewerkschaften

Nicht nur bei der Entwicklung der Arbeitsplätze müssen Gewerkschaften Bedenken haben und Strategien entwickeln. Zu befürchten ist auch, daß die Unternehmen über die neuen Freiheiten verstärkt versuchen werden, das bundesdeutsche Lohnniveau zu drücken, den Arbeitsschutz zu verringern und die Mitbestimmung auszuhebeln, insgesamt also die Arbeitsbedingungen zu verschlechtern.

Die Einheitliche Europäische Akte von 1986 versteht Europa eben nicht als Sozial-, sondern als Wirtschaftsraum. Vorgesehen sind lediglich gemeinsame Regelungen zum Gesundheits- und Arbeitsschutz durch Festlegung von Mindestnormen.

Bedenkt man, das die Arbeitgeber mehrfach das „schwere Gepäck bei den Sozialkosten" (der Präsident der Bundesvereinigung der Deutschen Arbeitgeberverbände *Murrmann*) kritisierten, werden die „Unternehmungen" nichts unversucht lassen, die sozialen Standards in der Bundesrepublik zu senken.

Die Änderungen der im Europavergleich weitgehenden Mitbestimmungsregelungen können durch den EG-Ministerrat zwar nur einstimmig erfolgen, doch zum Abbau sozialer Standards bedarf es gar nicht unbedingt gesetzlicher Regelungen. Durch weitergehende Produktionsverlagerungen ins EG-Ausland können verstärkt Arbeitnehmer zu den im jeweiligen Mitgliedsland geltenden, meist schlechteren Arbeitsbedingungen beschäftigt und bundesdeutsche Mitbestimmungsmöglichkeiten umschifft werden.

Informationsblatt E5

Finden Sie anhand des Textes heraus, welche Vorteile der EBM für die Arbeitnehmerinnen und Arbeitnehmer in der EG haben könnte.
Versuchen Sie zu erklären, warum es zu diesen Vorteilen kommen kann, z.B. warum die EG Programme für jugendliche Arbeitslose und Langzeitarbeitslose unterstützen wird.

„Es existiert kein Wunderrezept, aber der Aufbau Europas ist für unsere Wirtschaft ein stimulierendes Mittel, für das ich keinen Ersatz sehe.
Jacques Delors, Präsident der EG-Kommission

BESSERE CHANCEN AUF DEM ARBEITSMARKT

Mit dem neuen Wirtschaftsraum steigen unsere Berufsaussichten.

 Unser größtes Problem nach wie vor: die Millionen von Arbeitslosen im EG-Raum. Immer deutlicher wird dabei, daß nationale Politik unsere Probleme nicht löst. Auch Europa '92 hat keine Allheilmittel. Aber es wird erheblich zur Besserung der gegenwärtigen Lage beitragen.

Eine Studie hochrangiger Wissenschaftler im Auftrag der EG-Kommission rechnet mit einem spürbaren Aufschwung im Arbeitsmarkt der EG. Zwischen 1,8 und 5 Millionen neuer Arbeitsplätze sollen entstehen. Der Grund: Einsparungen der Wirtschaft in Milliardenhöhe durch geringere Kosten, neue Märkte und eingesparten Aufwand in der Organisation. Das fördert die wirtschaftliche Leistungsfähigkeit. Schafft neue Nachfrage. Natürlich wird es für einzelne Berufsgruppen auch schwierige Anpassungen geben. Aber insgesamt bringt Europa '92 einen Wirtschaftsaufschwung.

✚ Durch die freie Arbeitsplatzwahl in der gesamten EG steigen die Vermittlungschancen für Arbeitslose. – Voraussetzung: Wir müssen auch mal einen Ortswechsel riskieren.

✚ Die Europäische Gemeinschaft unterstützt Programme für Jugendarbeitslose und Langzeitarbeitslose.

✚ In wirtschaftlich schwächeren Regionen wird die Wirtschaft gefördert und damit die Schaffung von Arbeitsplätzen. – Das eröffnet gleichzeitig neue Märkte für die Zukunft.

✚ Der Arbeitsschutz und die Arbeitshygiene werden EG-weit auf einem hohen Niveau festgelegt. Für Arbeitnehmer verringert sich so das Risiko beim Umgang mit gefährlichen Stoffen oder Maschinen.

„Haben unsere Nachbarn nicht die größeren Standortvorteile: billige Arbeitskräfte und niedrige Lohnnebenkosten? Führt das nicht eher dazu, daß wir Deutschen Arbeitsplätze verlieren, weil Unternehmen ins Ausland abwandern?"

Billige Arbeitskräfte gibt es dort schon, aber zumeist keine qualifizierten Facharbeiter. Die deutsche Wirtschaft ist heute so hochspezialisiert, daß die meisten Unternehmen gerade wegen der guten Arbeitskräfte an den Standort Deutschland gebunden sind.

„Wird Europa '92 nicht dazu führen, daß bei uns Arbeitnehmerrechte abgebaut werden, weil in anderen EG-Ländern die Arbeitnehmer viel schlechter gestellt sind und die Wirtschaft da mithalten muß?"

Im Gegenteil. Mit dem europäischen Binnenmarkt wird das deutsche System der Arbeitnehmerrechte ein mögliches Modell für andere EG-Länder. Die Arbeitnehmer dort können nachziehen. Das verbessert ihre Lage, und die Arbeitsbedingungen in Europa nähern sich einander an.

WAS HALTEN DIE BETROFFENEN VOM EG-BINNENMARKT?

Sehen Sie sich bitte zu dieser Frage die beiden Schaubilder an, und erläutern Sie diese.

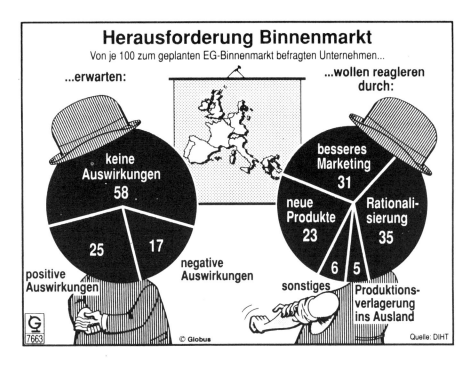

Welche Meinung vertreten Sie und Ihre Studienkollegen bzw. Studienkolleginnen an der Universität?

Projekt

Machen Sie eine Umfrage unter Studenten und Studentinnen, was diese vom Europäischen Binnenmarkt halten.

Entwickeln Sie einen Fragebogen und befragen Sie mindestens 20 Personen. Werten Sie die Fragebögen aus und schreiben Sie einen Bericht über die von Ihnen gefundenen Ergebnisse.

Betriebliche Organisation

Wenn Sie diese Lektion durchgearbeitet haben, werden Sie in der Lage sein, den Aufbau von betrieblichen Organisationen zu beschreiben, organisatorische Probleme zu identifizieren, und mögliche Lösungen vorzuschlagen.

Fangen wir mit einem alltäglichen Problem der Organisation an.

- *Beschreiben Sie mündlich, was dieses Bild darstellen soll!*
- *Können Sie Beispiele aus eigener Erfahrung nennen, welche die Vorteile der guten Organisation belegen?*

Auch ein Unternehmen bedarf der Organisation, damit die dort anfallenden Aufgaben effektiver ausgeführt werden können.

Aber welche Aufgaben müssen in einem Unternehmen ausgeführt werden?

Nehmen wir folgende Betriebe als Beispiel:

- eine Autowerkstatt
- eine Bäckerei
- ein Restaurant

Gruppenarbeit

Bilden Sie drei Gruppen und nennen Sie die Aufgaben, die in diesen Betrieben ausgeführt werden müssen.

Voraussetzung für die Organisation dieser Aufgaben ist es, daß sie sich in Teilaufgaben zerlegen lassen, und daß sich diese Teilaufgaben häufig oder ständig wiederholen.

- *Wie können die Aufgaben, die Sie als Beispiele genannt haben, aufgeteilt werden?*
- *Welche Teilaufgaben wiederholen sich?*

Ihre Hochschule hat auch eine Organisation. Sie hat gewisse Ziele, die sie erreichen will, und Aufgaben, die ausgeführt werden müssen.

Tip

Sie können die Informationen, die Sie für die nachstehenden Aufgaben benötigen, von der Verwaltung Ihrer Hochschule holen. Sie müssen aber die Ergebnisse auf Deutsch darlegen!
Wenn Sie wollen, können Sie statt Ihrer Hochschule eine nahegelegene Unternehmung als Beispiel einer betrieblichen Organisation nehmen!

Aufgaben

Teilen Sie sich in Gruppen auf, und führen Sie folgende Aufgaben aus:

1. Schritt: Nennen Sie die Hauptaufgaben Ihrer Hochschule (oder Unternehmung).
2. Schritt: Zerlegen Sie die Hauptaufgaben in Teilaufgaben.
3. Schritt: Trennen Sie die immer wiederkehrenden Aufgaben von den plötzlich auftretenden Aufgaben.

Sammeln Sie die Ergebnisse aller Gruppen und schreiben Sie diese an die Tafel.
Wenn Sie das getan haben, versuchen Sie ausfindig zu machen, wer für jede Aufgabe zuständig ist. Nennen Sie jedoch nicht die Person, sondern die Funktion, die diese Person ausübt, z.B. der Abteilungsleiter.
Entwerfen Sie dann eine Hierarchie-Pyramide für Ihre Hochschule oder für die Unternehmung, die Sie ausgesucht haben. Nehmen Sie dieses Beispiel als Muster!

Teilen Sie sich in Gruppen auf. Jede Gruppe sucht eine Ebene der Pyramide aus, und beschreibt die Aufgaben und Verantwortlichkeiten ihrer Ebene auf leicht verständliche Weise!

Eindeutiger als durch solch eine Pyramide läßt sich eine betriebliche Organisation mit Hilfe eines **Organigramms** darstellen.

Linien-System

Das Linien-System, auch **Ein-Linien-System** genannt, geht vom Grundsatz der einheitlichen Auftragserteilung aus. Alle Mitarbeiter des Unternehmens sind bei dieser Organisationsform in den einheitlichen Befehlsweg (Dienstweg) vertikal eingegliedert, der den Vorteil der genauen Abgrenzung der Verantwortungsbereiche aufweist. Der Befehlsweg von oben nach unten wird durch den *Meldeweg* über den Vollzug von unten nach oben ergänzt (integriert).

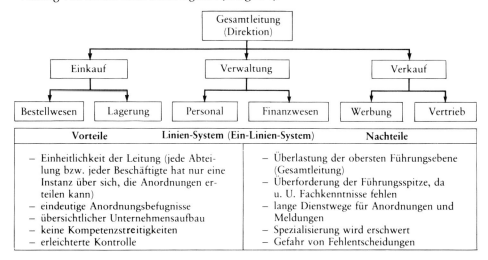

Vorteile	Linien-System (Ein-Linien-System)	Nachteile
– Einheitlichkeit der Leitung (jede Abteilung bzw. jeder Beschäftigte hat nur eine Instanz über sich, die Anordnungen erteilen kann) – eindeutige Anordnungsbefugnisse – übersichtlicher Unternehmensaufbau – keine Kompetenzstreitigkeiten – erleichterte Kontrolle		– Überlastung der obersten Führungsebene (Gesamtleitung) – Überforderung der Führungsspitze, da u. U. Fachkenntnisse fehlen – lange Dienstwege für Anordnungen und Meldungen – Spezialisierung wird erschwert – Gefahr von Fehlentscheidungen

Stab-Linien-System

Die Nachteile des reinen Linien-Systems (vor allem die Überlastung und Überforderung der obersten Führung) haben zur Entwicklung des **Stab-Linien-Systems** geführt. Hierbei werden der obersten Leitung oder auch den einzelnen Hauptabteilungen **Stäbe** zugeordnet, in denen Fachleute (z.B. Spezialisten wie Juristen, Betriebswirte, Organisatoren) zusammengefaßt werden. Das Wesentliche ist, daß die Stäbe *keine* Weisungsbefugnisse (Befehlsbefugnisse) und *keine* Empfangsbefugnisse für Meldungen besitzen. Somit sichert das Stab-Linien-System die Einhaltung des Grundsatzes einheitlicher Auftragserteilung. Andererseits soll die Qualität von Entscheidung und Ausführung durch Spezialisierung gehoben werden.

In der Praxis entsteht jedoch die Gefahr, daß die Stäbe im Laufe der Zeit aufgrund ihrer Fachkenntnisse eine im ursprünglichen Organisationsplan nicht vorgesehene Macht entwickeln, sich also Machtbefugnisse aneignen („Expertenmacht").

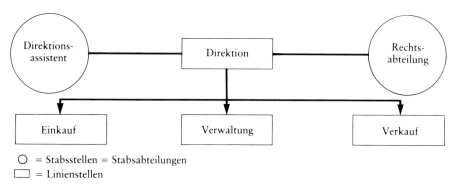

○ = Stabsstellen = Stabsabteilungen
▭ = Linienstellen

Aufgaben

- *Versuchen Sie, anhand der Texte folgende Begriffe zu definieren:*

  - *der Dienstweg (e)*
  - *der Meldeweg (e)*

  - *die Direktion (en)*
  - *der Stab (–e)*

- *Schlagen Sie folgende Wörter nach und schreiben sie eine deutsche Definition dazu!*

  - *die Anordnung (en)*
  - *die Instanz (en)*

  - *die Befugnis (se)*
  - *die Kompetenz (en)*

- *Beschreiben Sie mündlich anhand der Stichwörter die Vor- und Nachteile des* Linien-Systems!

- *Was sind Ihrer Meinung nach die Vor- und Nachteile des* Stab-Linien-Systems *gegenüber dem Linien-System?*

MEHRLINIENSYSTEM

Versuchen Sie, anhand dieses Organigramms (Sie erhalten keine weiteren Informationen!) das Mehrliniensystem zu beschreiben und dessen Vor- und Nachteile zu erklären!

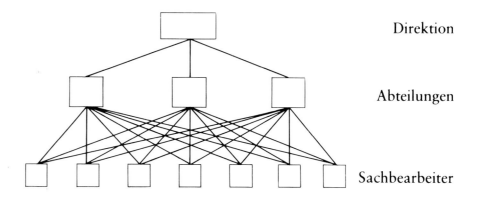

Es gibt noch weitere Organisationsstrukturen, die aufgrund der Größe moderner Unternehmungen weit verbreitet sind.

DIVISIONALE ORGANISATION

Divisional soll hier so viel heißen wie eine Aufteilung der Organisation nach Einzelprodukten oder Produktgruppen (Sparten, Divisionen).

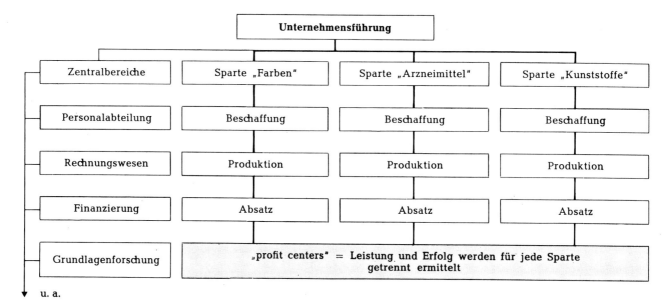

Bilden Sie drei Gruppen, und führen Sie folgende Aufgaben aus. Achten Sie dabei darauf, daß Sie die **Verben** einfügen müssen!

Aufgaben

Gruppe I soll anhand der folgenden Stichwörter die wichtigsten *Kennzeichen* der divisionalen Organisation erarbeiten und der Gesamtgruppe mündlich erklären:

- Bildung von Sparten (Divisionen) nach Produkten oder Produktgruppen

- Sparten wie kleine Betriebe mit Gewinnverantwortung innerhalb des Gesamtsystems (sogenannte *Profit-Centers*)

- Zentralbereiche (wie Stäbe)

Gruppe II soll anhand der folgenden Stichwörter die *Vorteile* der divisionalen Organisation erarbeiten und der Gesamtgruppe mündlich erklären:

- Entlastung der Direktion (Unternehmensführung)

- dem Markt angepaßte Entscheidungen

- schnelleres Anpassungsvermögen

- hohes Verantwortungsgefühl durch autonomes Arbeiten

Gruppe III soll anhand der folgenden Stichwörter die *Nachteile* der divisionalen Organisation erarbeiten und der Gesamtgruppe mündlich erklären:

- Gefahr des Verlustes einer einheitlichen Unternehmenspolitik

- geringe Integration in das Gesamtsystem (fehlende Kommunikation zwischen den Sparten)

MATRIXORGANISATION

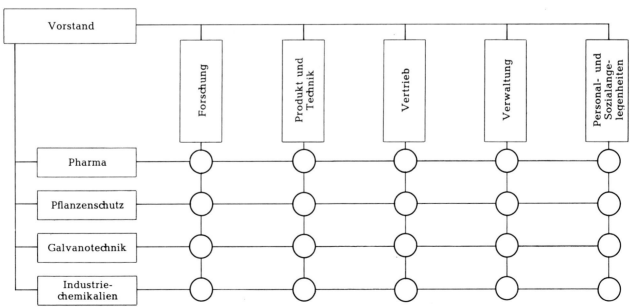

Quelle: 100 Jahre Schering — 100 Jahre Fortschritt, Berlin, Schering AG 1971, S. 102, stark vereinfacht

Fertigen Sie anhand der folgenden Stichwörter eine schriftliche Beschreibung der Matrixorganisation an:

Kennzeichen

- Divisionalprinzip
- Zentralabteilungen für alle Divisionen
- keine hierarchischen Differenzierungen zwischen Divisionen und Zentralbereichen
- Teamarbeit und Kompetenzkreuzungen

Vorteile

- Entlastung der Direktion (Vorstand)
- dem Markt angepaßte Entscheidungen
- schnelleres Anpassungsvermögen
- Spezialwissen verstärkt Innovation
- nicht vorhandene Hierarchie zwischen Division und Zentralbereich führt zu kreativem Denken
- starke Integration

Nachteile

- großer Kommunikationsbedarf
- Konflikte durch Zwang zur Teamarbeit

Aufgaben

Hier sehen Sie ein Organigramm des Unternehmens NEC (National Equipment Corporation) Deutschland.

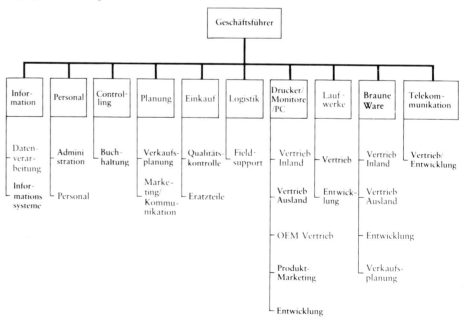

- *Wie würden Sie dieses Organisationssystem bezeichnen?*
- *Beschreiben Sie anhand des Organigramms die Organisation von NEC Deutschland und erläutern Sie die Vor- und Nachteile!*

Lesen Sie diesen Text:

HOECHST

Rolle vorwärts

Mit einer Umstrukturierung der Organisation will die Hoechst AG ihr Flaggschiff, den Pharmabereich, wieder flottmachen. Die Wende von der funktionalen zur divisionalen Struktur soll nach dem Köpferollen in der Bereichsleitung die Entwicklung neuer Präparate beschleunigen.

Für Dieter Laengenfelder ist die neue Ordnung bereits mehr als ein Stück Papier. Im Kopf des Bereichsleiters Pharma der Frankfurter Hoechst AG stehen auch schon die Namen fest, die vom Jahreswechsel an den unternehmerischen Erfolg der neuen produktseitigen Matrixorganisation garantieren sollen. Konzernchef Wolfgang Hilger und Forschungsvorstand Hansgeorg Gareis haben sich allerdings das letzte Wort in dieser Sache vorbehalten. Und das soll erst Anfang Dezember fallen.

Zu diesem Zeitpunkt wird auch das Gros der Mitarbeiter aus Forschung und Entwicklung während einer Informationsveranstaltung in der Höchster Jahrhunderthalle erfahren, welche neue Position es im zuletzt schwerfälligen und knirschenden Getriebe des größenmäßig führenden deutschen Pharmakonzerns einnehmen wird. Wenn auch die meisten Schreibtische und Labors nicht von der Stelle gerückt werden, so wird doch die Hälfte aller Naturwissenschaftler beziehungsweise ein Viertel aller Pharmamitarbeiter am Main auf dem Papier die Plätze tauschen. Bis dahin dürfen die betroffenen Forscher, Ressort- und Abteilungschefs rätseln und bangen, ob sie zu den Hoffnungsträgern der Neuordnung zählen – oder sich als Opfer des alten, immer behäbiger gehandhabten Funktionsschemas fühlen müssen.

Kern der neuen Matrix bei Hoechst sind die fünf Produktgruppeneinheiten (PGE) mit den Bezeichnungen Antiinfektiva, Vasotherapeutika (durchblutungsfördernde Mittel), Stoffwechsel, Herz/Kreislauf und Zentralnervensystem. Jede PGE erhält einen unternehmerisch verantwortlichen Chef, der direkt der Bereichsleitung (BL) untersteht.

Das Konzept geht zurück auf den Einsatz der Boston Consulting Group (BCG). Die Münchner Berater unter Geschäftsführer Burkhard Wittek hatten nach ihrer Analyse den Abschied von der funktionalen Struktur dringend empfohlen. Allzu selbstgefällig hatten die Hoechst-Manager sich mit einer Vielzahl von Projekten offenbar verzettelt und ihre riesigen Forschungsgelder mit der Gießkanne verteilt. „BCG hat uns methodisch enorm geholfen", lobt Laengenfelder die Beraterarbeit.

Das Eingeständnis von Mißmanagement fällt den Frankfurtern immer noch sehr schwer. „Wir haben gemerkt, daß unsere 15 Jahre alte funktionale Organisation einer schnellen Entscheidung bei der Produktentwicklung hinderlich ist", umschreibt Laengenfelder vornehm das größte Manko des Konzerns: Bei bahnbrechenden Neuerungen im Pharmamarkt wie Therapeutika gegen Magengeschwüre – im Branchenjargon H2-Antagonisten – oder Bluthochdruck – genannt ACE-Hemmer – hinken die Hoechster ihren meist amerikanischen Wettbewerbern in der Patentanmeldung um fünf bis sieben, in der Präsentation am Markt gar um acht bis zwölf Jahre hinterher.

Das soll sich nun grundlegend ändern. „Die PGE-Leiter werden gemessen an der Frage, wie schnell ihnen die Entwicklung und Markteinführung neuer Produkte gelingt", definiert Laengenfelder die neue Richtschnur. Die fünf Produktgruppenchefs besitzen eigene Budgetverantwortung und leiten jeweils ein Unternehmen im Unternehmen mit den Funktionen Pharmaforschung, klinische Forschung, strategisches Marketing und Controlling. Zugeordnet, aber nicht unterstellt sind ihnen auch Spezialisten aus der Produktion und des Ingenieurwesens. Neben den PGE bleibt die Vorklinik als zentrale Abteilung erhalten. Damit es zwischen ihr und den auf Beschleunigung ihrer Projekte bedachten PGE-Chefs nicht zu Reibereien und Kompetenzgerangel kommt, ist eine der Bereichsleitung unterstellte Stabsgruppe für die Setzung von Prioritäten verantwortlich.

Tribut an die neue Divisionsmatrix ist auch die Zentralabteilung Neue Gebiete. In diesem Hoechst-Novum sollen nach dem Willen der Pharmamanager meist junge Wissenschaftler Innovationen verfolgen und im Blick behalten, die nicht von den Produktgruppen abgedeckt werden. Das Forscherpotential dient daneben auch als personelle Einsatzreserve für die PGEs, etwa wenn vielversprechende Entwicklungen bevorzugt durchgepeitscht werden müssen.

Vokabel-Tip

funktionale Struktur = Linien-System (auch Einliniensystem genannt)

Aufgaben

- *Machen Sie eine Liste der neuen Produktgruppeneinheiten, die die Hoechst AG in ihrem Pharmabereich einführen will!*
- *Wie nennt man solche Produktgruppeneinheiten in der Fachsprache?*
- *Welche Funktionen wird jede Produktgruppeneinheit ausführen müssen?*
- *Fertigen Sie ein Organigramm für die neue Organisation an!*
- *Welche Vorteile hat die neue Organisation im Vergleich mit der alten?*

Jetzt haben Sie alle Organisationstypen kennengelernt. Was meinen Sie: welcher Organisationsstruktur kommt die Struktur Ihrer Hochschule am nächsten?

- *Entwerfen Sie ein Organigramm!*
- *Beschreiben Sie dann Ihr Organigramm schriftlich!*

PROBLEME DER ORGANISATION

Organisationen können noch so gut geplant werden; fast immer gibt es zwischenmenschliche Probleme, wie dieser Text besagt. Die Bilder zeigen, welche menschlichen Probleme entstehen können.

Organisation und Ablauf der Produktion

Die Funktionsfähigkeit eines Betriebes erfordert eine überschaubare Gliederung des Betriebes nach Aufgabenbereichen (Abteilungen) mit klarer Regelung der Zuständigkeit und Verantwortung. (Betriebsabteilungen unterhalb der für den Gesamtbetrieb verantwortlichen Geschäftsleitung sind beispielsweise Entwicklung und Konstruktion. Arbeitsvorbereitung, Einkauf, Verkauf, Buchhaltung, Personal, Finanzen und allgemeine Verwaltung.)

Die Herstellung eines Produkts fordert eine exakte Planung, gezielte Steuerung und Kontrolle des Produktionsablaufs. Die Herstellung wird in einzelne Phasen (Arbeitsteilung) gegliedert und räumlich und zeitlich aufeinander abgestimmt (Koordination). Dazu wird ein genauer Arbeitsplan erstellt. Das Problem komplizierter Organisationsstrukturen ist ihre Krisenanfälligkeit, Schwerfälligkeit und schlechte Kontrollierbarkeit. Die Organisation eines Betriebes muß flexibel sein, um sich neuen Entwicklungen anzupassen; sie muß stabil sein, damit die betriebliche Leistungserstellung trotz auftretender Krisen und Störungen gesichert ist. Sie muß sich einerseits an den betrieblichen Zielen und Aufgaben orientieren, andererseits Belange und Interessen des Menschen berücksichtigen. Wenn Anweisungen nicht verständlich, einsichtig und transparent sind und die von Entscheidungen Betroffenen nicht informiert werden, treten Spannungen und Konflikte auf.

Starre Arbeitsorganisationen in immer größer werdenden Betrieben führen zu einer geringeren Überschaubarkeit des Betriebsgeschehens für den einzelnen. Der Betrieb wird anonym, die Mitarbeiter kennen meist nur ihre unmittelbaren Vorgesetzten und die nächsten Arbeitskollegen. Kommunikation und Information erfolgen vielfach schriftlich oder telefonisch. Mangelnde Kontaktmöglichkeiten und unzureichende Information schaffen oftmals das Gefühl, vernachlässigt, nicht beachtet, übergangen zu werden, und die Vorstellung, ein „kleines Rädchen" im Getriebe betrieblicher Entscheidungen und Abläufe zu sein. Dies prägt die Einstellung der im Arbeitsprozeß Tätigen und die Arbeitsatmosphäre. In kleineren Betrieben bestehen oft mehr persönliche Kontakte, die die Einsicht in das betrieblich Notwendige und den Arbeitsablauf sowie das Verhältnis der Mitarbeiter prägen.

KOMMUNIKATION? Fördert die

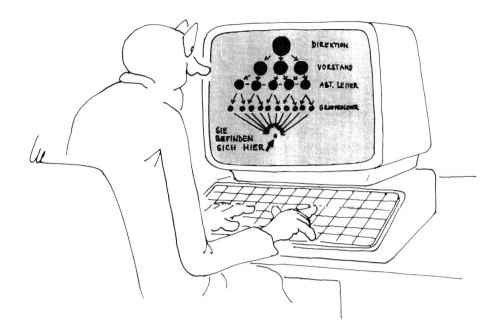

Nehmen Sie den Text und die zwei Bilder, um herauszufinden, welche Probleme in einer Organisation auftreten können.
Wie könnte man diese Probleme lösen bzw. vermeiden?

Abschlußaufgabe

Stellen Sie sich vor, Sie haben den Auftrag erhalten, die Organisation Ihrer Hochschule (oder die von ihnen ausgewählte Unternehmung) zu untersuchen. Ihr Auftraggeber möchte folgendes wissen:

- *Wie ist der Aufbau der Organisation?*
- *Welche Vorteile hat der gegenwärtige Aufbau?*
- *Welche organisatorischen Probleme gibt es?*
- *Könnte die gegenwärtige Organisation verbessert werden?*

Schreiben Sie einen Bericht, der möglichst viele dieser Punkte abdeckt!

Personalführung

In der letzten Lektion haben Sie sich unter anderem mit den zwischenmenschlichen Problemen, die in einem Unternehmen entstehen können, befaßt. Gute *Personalführung* kann oftmals verhindern, daß solche Probleme überhaupt erst entstehen. Zur guten Personalführung gehören vor allem die Fähigkeiten, die Arbeitnehmer zu *motivieren* und einen mitarbeiter- und aufgabengerechten *Führungsstil* zu wählen.
Wenn Sie diese Lektion durchgearbeitet haben, werden Sie wissen, unter welchen Voraussetzungen Arbeitnehmer gute Arbeitsleistungen erbringen. Außerdem lernen Sie verschiedene Typen von Führungskräften und deren Führungsstile kennen.

MOTIVATION

Schauen Sie sich diese Abbildung an, und stellen Sie mündlich dar, welche Faktoren Arbeitnehmer im Betrieb als wichtig erachten.

Was im Beruf zählt
Von je 100 Befragten halten für wichtig:

Sicherer Arbeitsplatz	56
Kollegialität	54
Abwechslung	43
Selbständigkeit	42
Verdienst	36
Arbeitszeit	27
Aufstiegschancen	25
Ansehen	13

© Globus   8002

Diese Faktoren, auf die Arbeitnehmer bei der Arbeit besonderen Wert legen, werden Motivationsfaktoren genannt, da sie die Arbeitnehmer motivieren, gute Leistungen zu erbringen.

Erklären Sie mit jeweils einem Beispiel, warum folgende Arbeitsbedingungen wünschenswert sind:

- gutes Betriebsklima

- gleitende Arbeitszeit

- weitreichende Mitbestimmung

Sind die abgebildeten Motivationsfaktoren Ihrer Meinung nach in der richtigen Reihenfolge? Fehlt etwas?
Was wird Ihnen voraussichtlich wichtig sein, wenn Sie beruflich tätig sind?

Aufgabe

- *Machen Sie eine Umfrage, um herauszufinden, wodurch die Mitarbeiter in Ihrer Hochschule (d.h. Lehrkräfte, Verwaltungsbeamte, usw.) motiviert werden.*

- *Vergleichen Sie dann die Ergebnisse mit denen, die in der Abbildung erscheinen!*

- *Beschreiben und erläutern Sie nun schriftlich:*

  - *die Aussagen der obigen Abbildung*
  - *die Ergebnisse Ihrer Umfrage*

Sie haben sicherlich festgestellt, daß Arbeitnehmer in verschiedenen Berufen und in verschiedenen beruflichen Stellungen ganz unterschiedliche Ansprüche an die Arbeit stellen. Versuchen Sie, dies zuerst durch Diskussion zu erklären, dann lesen Sie dazu diesen Text aus der Wirtschaftszeitung *WirtschaftsWoche*:

Der eine verwirklicht sich als hochmotivierte Führungskraft mit interessanten, ihn fordernden Aufgaben bei seiner täglichen Arbeit. Der andere verbringt die Stunden im Betrieb zumeist mit Tagträumen, verrichtet seine Arbeit eher schematisch und findet seine Selbstverwirklichung erst in der Freizeit bei Familie, Hobby oder Sport. Und der Dritte – zumeist als mittlerer Angestellter oder qualifizierter Facharbeiter – ist oftmals hin- und hergerissen zwischen beiden Extremen.

Klar wird damit, daß es bei Führungskräften und Mitarbeitern ohne Führungsaufgabe völlig entgegengesetzte Motivationslagen, ja vielleicht sogar einen wirklichen Motivationsbruch gibt. Kein Vorgesetzter darf deshalb den Fehler begehen anzunehmen, seine Mitarbeiter gingen mit ähnlichem Elan an eine Aufgabe heran wie er selbst. Die Verkennung der unterschiedlichen Motivationsstrukturen führt in der Regel zu falschen Erwartungen und sodann zu wechselseitiger Frustration.

Heranwachsende Führungskräfte müssen deshalb lernen, sich in die Gedankenwelt ihrer Mitarbeiter hineinzuversetzen, um deren Motivationslagen und individuelle Interessen zu erkennen, damit die Arbeitsleistung optimiert werden kann. Dies ist wesentlicher Teil der Kunst des Führens.

Aufgaben

- *Finden Sie deutsche Synonyme für folgende Wörter (wie sie im Kontext dieses Artikels gebraucht werden)!*

  - *verrichten*
  - *der Elan*
  - *die Verkennung*
  - *schematisch*
  - *in der Regel*

- *Was verstehen Sie unter* sich verwirklichen *und* Selbstverwirklichung?

- *Erklären Sie anhand des folgenden Cartoons, auf welche Arten sich* Selbstverwirklichung *gestalten kann!*

- *Stellen Sie sich dann vor, Sie seien eine Führungskraft bei einer kleinen Firma. Welche Konsequenzen würden Sie für Ihre Führungsaufgabe aus diesem Text ziehen?*

Schriftliche Aufgabe

- *Versuchen Sie nun zu erläutern, welche unterschiedlichen Formen der Arbeitsmotivation vorkommen können und inwieweit sich diese nach Beruf und beruflicher Stellung unterscheiden können.*

- *Als Grundlage können Sie diese Tabelle, die Abbildung* Was Arbeitnehmern im Betrieb wichtig ist, *und die Ergebnisse Ihrer Umfrage heranziehen.*

Nicht in einem Boot

Was Chefs und ihren Mitarbeitern im Beruf wichtig ist

	Nennung in Prozent bei*:	
	Mitarbeitern ohne Führungsaufgabe	Führungs-kräften
Interessante Tätigkeit, Möglichkeit zur Identifikation mit der Aufgabe	75	88
Aufgabe, deren Bewältigung hohe persönliche Anforderungen stellt	56	82
Selbständigkeit und Unabhängigkeit	73	90
Einfluß, Entscheidungsbefugnisse	55	87
Möglichkeit, eigene Ideen durchzusetzen	64	83
Aufstiegs- und Karrierechancen	58	67
Hohes Einkommen	76	60
Gesicherte Altersversorgung	83	71
Vereinbarkeit mit privaten Interessen	70	42
Genügend Freizeit	71	34

* Mehrfachnennungen möglich
Quelle: Institut für Wirtschaft und Gesellschaft (IWG), Bonn

Es bleibt noch folgende Frage: wie sind arbeitsmüde, freizeitorientierte Mitarbeiter überhaupt zu motivieren?
Finden Sie hierzu eine Antwort, ohne den nachfolgenden Ausschnitt aus einem Artikel, der in der WirtschaftsWoche erschien, gelesen zu haben!

Lesen Sie nun den Text!

Auch hierzu hat die IWG-Studie interessante Antworten geliefert. Natürlich kann man nicht in jedem Fall am Arbeitsplatz auf die Selbstverwirklichungswünsche der Mitarbeiter eingehen: dazu hat kein Betrieb die entsprechenden Möglichkeiten. Auch die Wünsche nach noch mehr Freizeit sind in der Regel nicht zu befriedigen. Aber gewisse Rücksichtnahmen sollten heute zum partnerschaftlichen Miteinander von Arbeitgeber und Arbeitnehmer gehören.

Das beginnt mit der Arbeitszeitgestaltung, die sich fast alle nichtleitenden Mitarbeiter flexibler wünschen. Gleiches gilt für abwechslungsreichere, flexiblere Produktions- und Arbeitsabläufe. Dabei ist aber zu beachten, daß diejenigen, die tatsächlich lieber tagträumen und dabei gleichförmige Arbeiten verrichten wollen, nicht zu Tätigkeiten gezwungen werden, die höchste Aufmerksamkeit erfordern – damit wären sie überfordert. Wichtig ist auch die Qualität des Arbeitsplatzes, die noch allzuoft durch Lärm, Schmutz, Hetze, Streß und körperliche Anstrengungen in starkem Maß stark beeinträchtigt ist.

Eine entscheidende Rolle spielt der Komplex Kommunikation und Information. Auch wenn der Information im Betrieb grundsätzlich gewisse Grenzen gesetzt sind, darf nicht verkannt werden, daß auch weniger eifrige Mitarbeiter einen durchaus hohen Informationsbedarf haben können. Die Unterschiede zwischen tatsächlicher Information und zusätzlichen Informationswünschen sind in vielen Bereichen so groß, daß die Demotivierungsschwelle überschritten ist.

Überraschend positiv wird hingegen, wie weitere Befragungen ergeben haben, zumeist das Betriebsklima gesehen, viel-leicht auch deshalb, weil es tatsächlich durch das Verhalten aller Mitarbeiter bedingt ist; die Beeinflussung durch Führungskräfte ist hier vergleichsweise gering.

Von großer Bedeutung ist natürlich der jeweilige Führungsstil im Unternehmen. Hier ist jede Führungskraft zwangsläufig hin- und hergerissen zwischen Mitarbeiterorientierung, wie es die Mitarbeiter ohne Führungsaufgabe vorziehen, und Aufgabenorientierung, wie es im Unternehmensinteresse geboten ist. Der rechte Mittelweg unterscheidet auch hier die gute von der schlechten Führungskraft.

Die Produktqualität, das Image des Unternehmens und die Corporate Identity sind weitere Bereiche, in denen die Motivation von Mitarbeitern noch deutlich gesteigert werden kann. Ähnliches gilt für die Familienersatzfunktion, wie sie nicht selten dem Betrieb zugeschrieben wird. Durch das Hineinholen von Feierabendaktivitäten (Sport, Geselligkeit, Fortbildung) ins Unternehmen können das Zusammengehörigkeitsgefühl und damit auch die Arbeitsmotivation zunehmen.

Beachtliche Motivationsschübe können durch die Delegation von Aufgaben und von Verantwortung ausgelöst werden. Ähnliches gilt für konkrete Mitbestimmungsmöglichkeiten am Arbeitsplatz. Hier können Impulse zur Selbstverwirklichung geweckt werden, die auch dem Betrieb nützen.

Die Ausschöpfung solcher Motivationsreserven und die Überwindung von Desinteresse und Gleichgültigkeit am Arbeitsplatz gehören zu den wichtigsten Führungsaufgaben. Damit steht und fällt die Qualität des Arbeitsergebnisses und mit ihm der unternehmerische Erfolg.

Aufgaben

- *Machen Sie eine Liste der Punkte, die Führungskräfte laut dieses Auschnittes bei der Motivation der Mitarbeiter beachten müssen!*

- *Treffen diese Punkte für die Mitarbeiter Ihrer Hochschule zu? Diskutieren Sie darüber.*

Schriftliche Aufgabe

- *Sie sind nach wie vor Führungskraft in einem Unternehmen, und sind der Meinung, daß die Motivation der Mitarbeiter gesteigert werden muß. Schreiben Sie einen Bericht für den Vorstand, in dem Sie darstellen, wie eine Motivationssteigerung der Arbeitnehmer erreicht werden könnte!*

FÜHRUNGSSTILE

Lesen Sie den folgenden Text zum Begriff *Führungsstil*.

Hierbei geht es um die Frage, welche Beziehungen zwischen dem Führenden und den Geführten möglich bzw. sinnvoll sind. **Max Weber** unterschied drei Führungsstile:

a) Der **bürokratische** Führungsstil orientiert sich an festgelegten Vorschriften, die das Verhältnis zu den Untergebenen regeln.
b) Der **patriarchalische** Führungsstil orientiert sich an einer überlieferten Ordnung, die das Verhältnis zu den Untertanen regelt.
c) Der **charismatische** Führungsstil geht allein von einer als „Führer" akzeptierten Persönlichkeit aus, der von seinen Jüngern umgeben ist.

Max Weber: Bürokratischer, patriarchalischer oder charismatischer Führungsstil

Füllen Sie folgende Tabelle aus, indem Sie sich wie nachfolgend dargestellt zu den persönlichen Qualitäten des bürokratischen, patriarchalischen und charismatischen Chefs äußern.

Bewertungsmaßstab:
5 = Qualität sehr ausgeprägt
1 = Qualität kaum oder nicht vorhanden

Beispiel: einem charismatischen Chef könnte man bei dem Verhaltensmerkmal **Dominanz** 5 Punkte geben, da er vermutlich sehr dominant ist. Ein bürokratischer Chef könnte dagegen beim Merkmal **Initiative** 1 Punkt erhalten, da er selten die Initiative ergreift, sondern nur nach den Regeln vorgeht.

	bürokratisch	patriarchalisch	charismatisch
Dominanz			
Distanz			
Initiative			
Kooperation			
Arbeitsdisziplin			
Gelassenheit			
Kommunikation			
Systematik			

Rollenspiel

Versuchen Sie zunächst anhand dieser Informationen zu beschreiben, wie sich jeder dieser drei Chefs typischerweise verhalten würde!

Bilden Sie dann drei Gruppen. Jede Gruppe konzentriert sich auf einen Typus, also entweder auf den bürokratischen, den patriarchalischen oder den charismatischen Chef.

Stellen Sie dann folgende Situationen durch Rollenspiel dar, indem der Reihe nach jedes Mitglied der Gruppe jeweils den Chef spielt, während die anderen Mitglieder die Rollen der Mitarbeiter übernehmen.

- *Ein neuer Mitarbeiter hat eine innovative Idee. Er glaubt, daß die Produktion durch bestimmte, neuartige Verfahren gesteigert werden könnte. Weil sein Vorgesetzter die neue Idee für zu gewagt und risikoreich hält, geht der neue Mitarbeiter direkt zum Chef. Wie reagiert der Chef?*

- *Die Atmosphäre in der Konferenz ist aufgeheizt. Techniker und Kostenkontrolleure feilschen hartnäckig um jede Mark für ein Forschungsprojekt. Eine Seite muß nachgeben. Wie beruhigt der Chef die erhitzten Gemüter?*

- *Ein Verkäufer muß aufgrund zurückgehender Gewinne entlassen werden, und wird zum Chef bestellt, damit dieser die Situation erklären kann. Wie reagiert der Chef?*

Lesen Sie nun weiter!

Diese „historischen" Führungsstile haben eines gemeinsam: sie sind ausschließlich **„aufgabenorientiert"**. Durch die Führung werden die Aktivitäten der Geführten auf eine gestellte Aufgabe ausgerichtet; Mitarbeiter sind „lediglich" Produktionsfaktoren. Die moderne – nicht zuletzt durch die oben skizzierten Erkenntnisse zum Personen- und Gruppenverhalten beeinflußte – **Betrachtungsweise** ist hingegen auch **„personenorientiert"**, denn alle Aufgaben werden von Personen durchgeführt, deren Vorstellungen und Wünsche ebenso berücksichtigt werden müssen, wie deren soziale Rollen.

Nun wäre jedoch ein strikt personenorientierter Führungsstil ebenso unvertretbar wie ein strikt aufgabenbezogener: im ersten Fall würde das betriebliche

Handeln allein am Wunsch der Mitarbeiter nach Zufriedenheit und Selbstverwirklichung im Rahmen einer „big happy family" ausgerichtet; im zweiten Fall blieben hingegen die Belange der Mitarbeiter völlig unbeachtet; die Aufgabenerfüllung würde durch Zwang oder (materiellen) Anreiz sichergestellt. Allein vertretbar ist eine **Mischung aus Aufgaben- und Personenorientierung**, ein Kompromiß

zwischen Sachzwängen und Selbstverwirklichung.

Wichtig für die Beurteilung, ob ein Führungsstil mehr aufgaben- oder mehr personenbezogen ist, ist das Ausmaß, in dem die **Geführten** an den Entscheidungen **beteiligt sind**:

a) Beim **autoritären** Führungsstil gibt es keine Mitwirkung: geführt wird durch Befehl.

b) Der **kooperative** Führungsstil zeichnet sich hingegen durch Mitwirkungsrechte der Untergebenen aus: entweder **beratend** oder **partizipativ** (z.B. über ein Vetorecht).

Der partizipative Führungsstil ist am weitestgehendsten personenorientiert.

Aufgaben

- *Nehmen Sie den zweiten Absatz* (Nun wäre jedoch ... und Selbstverwirklichung.) *und versuchen Sie, ihn mit so wenig Substantiven wie möglich zu umschreiben!*

- *Was ist das Besondere an diesen Substantiven?*
  - *der Führende*
  - *der Geführte*
  - *der Untergebene*

- *Können Sie den Unterschied zwischen einem aufgabenorientierten Führungsstil und einem personenorientierten Führungsstil erklären?*

Der Text erwähnt *historische* Führungsstile. Heutzutage gibt es jedoch viel stärkere Unterschiede bei den Führungsstilen. Lesen Sie dazu den folgenden Text aus der *WirtschaftsWoche*.

Wer ist hier der Chef?

Wirtschaftswoche-Leser sind offenbar zufrieden mit ihren Chefqualitäten. Im Computertest jedenfalls kam der eigene Stil immer unter die ersten drei auf der Hitliste erwünschter Leitbilder. Charismatisch, sachorientiert, vermittelnd – so beurteilen sich die meisten, die den Fragebogen ausfüllten. Auch Grenzen können die 2578 Teilnehmer getrost überschreiten: Zumindest in der Schweiz sind die gleichen Führungstypen gefragt.

Die Atmosphäre in der Konferenz ist aufgeheizt. Techniker und Kostenkontrolleure feilschen hartnäckig um jede Mark für ein Forschungsprojekt. Der Geschäftsführer hört sich eine zeitlang konzentriert den nur scheinbar sachlichen Schlagabtausch an, stellt gezielt Zwischenfragen. Dann entscheidet er – mit kompetenter Begründung, die den Verlierer das Gesicht wahren läßt. Eine Zigarettenpause vor dem nächsten Tagesordnungspunkt beruhigt die erhitzten Gemüter.

Wieder einmal hat der Chef bewiesen: Ein klares Wort zur rechten Zeit, eloquent serviert, bringt die Sache voran. Die Streithähne werden

weiter um die Gunst des Meisters werben, da sie sich ernst genommen fühlen. Ein Mosaiksteinchen mehr im charismatischen Bild des Firmenlenkers.

Ein Mann, dem analytischer Verstand, Ausstrahlungskraft, Fleiß, Selbstdisziplin und Visionsvermögen in hohem Maße bescheinigt wird, regiert die Deutsche Bank AG von der 30. Etage der Zentrale in Frankfurt aus. Alfred Herrhausen selbst charakterisiert seinen Führungsstil als „Versuch, durch Argumente zu überzeugen und zu motivieren. Menschen zur Einsicht zu führen und daraus ihr Verhalten zu entwickeln".

Idealmaß für den Chef

Das Verhaltensrepertoire des **Charismatikers** enthält so viele
Rollen, daß er spielerisch zwischen Diskussion und Befehl
wechseln kann – selbst überraschende Situationen meistert
er souverän (-1,5 = Minimalwert; 1,5 = Maximalwert)

Durchschnitt

Dominanz
Distanz
Initiative
Kooperation
Gespür[1]
Soziale Unsicherheit
Streßreaktionen
Karriereplanung
Fachkompetenz
Arbeitsdisziplin[2]
Gelassenheit
Optimismus[3]
Kommunikation
Kontrolle
Systematik

-1,5   -1,0   -0,5   0   0,5   1,0   1,5

Im Gutachten bezeichnet mit:
1) Empathie; 2) Reglementierung; 3) Handlungsorientierung
Quelle: Geva

WirtschaftsWoche

- *Sehen Sie sich nun das Polaritätenprofil und den dazugehörigen Cartoon an. Wie kommen die Qualitäten, die in dem Polaritätenprofil veranschaulicht sind, in der schriftlichen Beschreibung des charismatischen Chefs und in dem Cartoon zum Ausdruck?*

- *Teilen Sie sich nun in fünf Gruppen auf.
Jede Gruppe untersucht ein Polaritätenprofil mit Cartoon, und bereitet für die Gesamtgruppe eine mündliche Beschreibung dieses Führungstyps vor. Erläutern Sie Ihre Ausführungen durch möglichst viele Beispiele für das jeweils typische Verhalten!*

Im Dienst der Sache

Dienst ist Dienst und Schnaps ist Schnaps – nach dieser Devise
trennt der **Sachorientierte** säuberlich und entwickelt dabei
Leidenschaft für sein Thema
(-1,5 = Minimalwert; 1,5 = Maximalwert)

Durchschnitt

Dominanz
Distanz
Initiative
Kooperation
Gespür[1]
Soziale Unsicherheit
Streßreaktionen
Karriereplanung
Fachkompetenz
Arbeitsdisziplin[2]
Gelassenheit
Optimismus[3]
Kommunikation
Kontrolle
Systematik

-1,5   -1,0   -0,5   0   0,5   1,0   1,5

Im Gutachten bezeichnet mit:
1) Empathie; 2) Reglementierung; 3) Handlungsorientierung
Quelle: Geva

WirtschaftsWoche

Kooperation statt Perfektion

Entscheidungen werden im Team gefällt. Gute Zusammenarbeit
ist dem **Vermittler** wichtiger als ein perfektes Arbeitsergebnis
(-1,5 = Minimalwert; 1,5 = Maximalwert)

Durchschnitt

Dominanz
Distanz
Initiative
Kooperation
Gespür[1]
Soziale Unsicherheit
Streßreaktionen
Karriereplanung
Fachkompetenz
Arbeitsdisziplin[2]
Gelassenheit
Optimismus[3]
Kommunikation
Kontrolle
Systematik

-1,5   -1,0   -0,5   0   0,5   1,0   1,5

Im Gutachten bezeichnet mit:
1) Empathie; 2) Reglementierung; 3) Handlungsorientierung
Quelle: Geva

WirtschaftsWoche

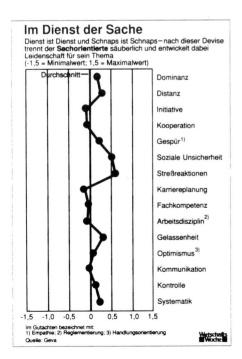

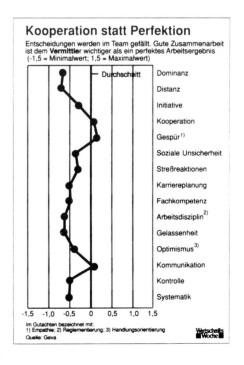

Ideen am laufenden Band

Der **Innovative** hält das Unternehmen in Schwung. Kontrolle einzelner Mitarbeiter ist ihm nicht so wichtig. Vom Perfektionisten ist der Neuerer weit entfernt
(-1,5 = Minimalwert; 1,5 = Maximalwert)

Durchschnitt

Dominanz
Distanz
Initiative
Kooperation
Gespür[1]
Soziale Unsicherheit
Streßreaktionen
Karriereplanung
Fachkompetenz
Arbeitsdisziplin[2]
Gelassenheit
Optimismus[3]
Kommunikation
Kontrolle
Systematik

-1,5 -1,0 -0,5   0   0,5   1,0   1,5

Im Gutachten bezeichnet mit:
1) Empathie; 2) Reglementierung; 3) Handlungsorientierung
Quelle: Geva

WirtschaftsWoche

Keine Diskussion. Punktum!

Was der **Autoritäre** sagt, wird gemacht. Lange Diskussionen mag er nicht. Nach außen ist er sehr auf Prestige bedacht
(-1,5 = Minimalwert; 1,5 = Maximalwert)

Durchschnittswert

Dominanz
Distanz
Initiative
Kooperation
Gespür[1]
Soziale Unsicherheit
Streßreaktionen
Karriereplanung
Fachkompetenz
Arbeitsdisziplin[2]
Gelassenheit
Optimismus[3]
Kommunikation
Kontrolle
Systematik

-1,5 -1,0 -0,5   0   0,5   1,0   1,5

Im Gutachten bezeichnet mit:
1) Empathie; 2) Reglementierung; 3) Handlungsorientierung
Quelle: Geva

WirtschaftsWoche

Bescheidenheit ist eine Zier

Der Spaß an der Arbeit geht dem **Zurückhaltenden** über jede Karriereplanung, die Sache ist ihm allerdings auch wichtiger als persönliche Nähe (-1,5 = Minimalwert; 1,5 = Maximalwert)

Durchschnitt

Dominanz
Distanz
Initiative
Kooperation
Gespür[1]
Soziale Unsicherheit
Streßreaktionen
Karriereplanung
Fachkompetenz
Arbeitsdisziplin[2]
Gelassenheit
Optimismus[3]
Kommunikation
Kontrolle
Systematik

-1,5 -1,0 -0,5   0   0,5   1,0   1,5

Im Gutachten bezeichnet mit:
1) Empathie; 2) Reglementierung; 3) Handlungsorientierung
Quelle: Geva

WirtschaftsWoche

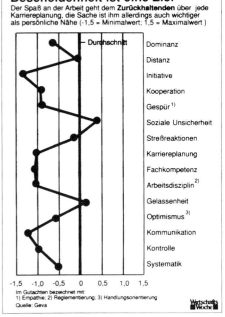

● *Welchen von diesen sechs hätten Sie am liebsten als Chef?*

● *Besprechen Sie in der Gesamtgruppe die positiven und negativen Seiten dieser Chefs. Wählen Sie dann durch Abstimmung den besten Führungsstil unter den Typen, die in der* WirtschaftsWoche *dargestellt wurden!*

Schriftliche Abschlußaufgabe

● *Beschreiben Sie nun den idealen Chef mit möglichst vielen Beispielen für typisches Verhalten!*

Marktforschung und Produktpolitik

```
┌─────────────────────────────────────────────┐
│               KURZNACHRICHT                  │
│                                              │
│  von:      PM Schokoriegel Peter Weigel      │
│                                              │
│  an:       MM Süßigkeiten Ulli Rasch         │
│                                              │
│  Nachricht:  Seit 3 Monaten Verkaufszahlen d.│
│              Schokoriegels MMH rückläufig →  │
│                                              │
│              Krisenbesprechung Montag,       │
│              11 Uhr, Zi 220 für MM und alle PHs│
│              Gruß                            │
│                          P. Weigel           │
└─────────────────────────────────────────────┘
```

Stellen Sie sich vor, Ihnen flattert diese Nachricht auf den Schreibtisch. Sie sind einigermaßen überrascht davon, daß dieses vor ein paar Jahren so erfolgreich eingeführte Produkt Absatzschwierigkeiten hat.
Sie stellen Vermutungen über die Gründe dieser Absatzschwierigkeiten an.

Aufgabe

• *Überlegen Sie gemeinsam, warum das Produkt* Mmh *sich in der letzten Zeit nicht mehr so gut hat verkaufen lassen.*
Vergessen Sie nicht, sich Notizen zu machen.

In der Diskussion ist Ihnen sicher klar geworden, daß es viele verschiedene Vermutungen gibt, warum der Schokoladenriegel nicht mehr so erfolgreich verkauft wird.
Welche ist nun die richtige?

Um diese Frage beantworten zu können, wollen wir in dieser Lektion einen Fragebogen entwickeln, der uns dabei helfen soll, die wirklichen Ursachen für die Absatzverschlechterung unseres Schokoriegels zu erkennen.

MARKTFORSCHUNG

Der Einsatz des Fragebogens ist ein Mittel der Marktforschung.
Der nachfolgende Text gibt Ihnen noch weitere Informationen über die verschiedenen Arten und Mittel der Markforschung.
Er ist nach einem bestimmten Schema aufgebaut, das es Ihnen erleichtert, den Text zu verstehen.

Arten der Marktuntersuchungen

Marktforschung läßt sich als systematisch durchgeführte Marktuntersuchung mit dem Ziel der Bereitstellung von Informationen für Entscheidungsprozesse kennzeichnen.

Bei der Durchführung von Marktforschungsaktivitäten stellt sich die Frage, auf welche Art und Weise die benötigten Informationen beschafft werden können. Liegen bisher keine oder nur unzureichende Informationen zu einer bestimmten Problemstellung vor, müssen neue bzw. zusätzliche Daten beschafft werden.

Zunächst wird die Unternehmung versuchen, aus unterschiedlichen Informationsquellen solche Angaben zu ermitteln, die zu ersten Aufschlüssen über die Lösung des Problems beitragen können.

Da die Suche nach geeignetem Informationsmaterial in der Regel vom Schreibtisch aus erfolgt, spricht man von *„desk-research"* oder, da bereits vorhandene Daten aufgearbeitet werden, von *Sekundärforschung.*

„Im Rahmen von Sekundär-Erhebungen wertet der Marktforscher ... in erster Linie öffentliche und private Statistiken aus, aber auch alle sonstigen greifbaren Veröffentlichungen, sei es Daten- oder Zahlenmaterial aus Büchern, Zeitschriften oder Zeitungen."[1] Eine der wichtigsten Quellen sind die Veröffentlichungen des Statistischen Bundesamtes in Wiesbaden bzw. die Publikationen der Statistischen Landesämter.

Probleme ergeben sich allerdings häufig daraus, daß sekundärstatistisches Material

– nicht mehr dem derzeitigen aktuellen Stand entspricht;
– selten auf die individuellen Gegebenheiten und Problemstellungen einer bestimmten Unternehmung abgestellt werden kann;
– nicht immer zugänglich ist oder häufig nicht die Information besteht, an welcher Stelle bestimmte Materialien zu erhalten sind.

Die Beschaffung von neuen Materialien aus dem Markt wird als *Primärforschung* bezeichnet oder, da diese Arbeiten im „Feld" vorgenommen werden, als *„field-research".* Wesentlich höhere Kosten und ein größerer Zeitaufwand müssen dabei zur Gewinnung aktueller Informationen in Kauf genommen werden.

Methoden der Informationsgewinnung

Im folgenden werden spezielle Methoden der Datenbeschaffung behandelt.

Im Vordergrund der Überlegungen stehen die drei Methoden der Primärforschung: Befragung, Beobachtung und Experiment.

Die *Befragung* ist die am häufigsten angewandte und wichtigste Erhebungsmethode im Rahmen der Primärforschung.

Eine *schriftliche Befragung* liegt vor, wenn der Fragebogen mit der Post zugesandt oder persönlich überbracht und ohne Anwesenheit einer Kontrollperson ausgefüllt wird. Die Verwendung dieser Methode ist jedoch im Laufe der Zeit deutlich zurückgegangen, da dieses Verfahren durch Schwierigkeiten und Nachteile gekennzeichnet ist.

Aus den Schwierigkeiten der schriftlichen Befragung kann die überragende Bedeutung der *mündlichen Befragung* abgeleitet werden.

Das *persönliche Interview* ist die von Marktforschungsinstituten am häufigsten angewandte Befragungsmethode. Hierbei sucht ein Interviewer die zu befragenden Personen auf und legt ihnen mit Hilfe eines Fragebogens bestimmte Fragestellungen zur Beantwortung vor. Dieses Verfahren hat gegenüber der schriftlichen Befragung folgende Vorteile:

– höhere Rücklaufquote;
– der Fragebogen wird sorgfältiger ausgefüllt (durch den Interviewer) und die Antworten werden nur von der befragten Person abgegeben;
– bei Verständnisschwierigkeiten der Fragestellungen kann der Interviewer Erläuterungen geben.

Wenn Sie den Text gelesen haben, füllen Sie bitte das untenstehende Gliederungsschema mit den Begriffen der verschiedenen Marktforschungsarten aus.
Erklären Sie dann kurz mit eigenen Worten, was die einzelnen Begriffe bedeuten.

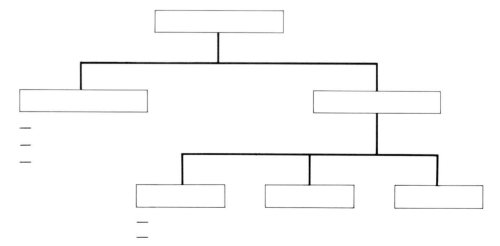

Wie Sie gelesen haben, ist die persönliche Befragung mit Hilfe eines Fragebogens die wichtigste Methode der Marktforschung.

Nachfolgend sehen Sie das Muster eines Fragebogens.
Lesen Sie sich diesen Fragebogen kurz durch.

GfM – Gesellschaft für Marktforschung
Seidelbachstr. 12
8500 Nürnberg

Interviewer – Nr.: ☐ ☐ ☐ ☐
Fragebogen – Nr.: . . . .
Studie Nummer : 1 – 32/89

Guten Tag! Mein Name ist . . . von der Gesellschaft für Marktforschung in Nürnberg.
Wir möchten gerne Ihre Meinung über das Hotel "Zur Post" kennenlernen, damit die
Geschäftsleitung dieses Hotels in Zukunft den Aufenthalt ihrer Gäste noch angenehmer gestalten
kann.

1. Wieviel Nächte werden Sie hier
   verbringen?
   ☐ weniger als 3 Nächte
   ☐ 3 bis 7 Nächte
   ☐ mehr als 7 Nächte

2. Haben Sie das Hotel selbst gebucht oder
   über einen Reiseveranstalter buchen
   lassen?
   ☐ selbst gebucht
   ☐ über einen Reiseveranstalter

3. Aus welchem Grunde haben Sie sich für
   das Hotel "Zur Post" entschieden?
   _____
   _____

4. Sind Sie vorher schon einmal in Nürnberg
   gewesen?
   ☐ ja
   ☐ nein

5. Ist die Ausstattung der Zimmer
   ☐ sehr gut
   ☐ gerade richtig
   ☐ könnte besser sein
   ☐ nicht zufriedenstellend

6. Sind Sie mit der Sauberkeit und Pflege des
   Zimmers
   ☐ sehr zufrieden
   ☐ zufrieden
   ☐ nicht zufrieden

7. Ist das Frühstück
   ☐ sehr gut
   ☐ gut
   ☐ durchschnittlich
   ☐ schlecht

8. Geben Sie bitte bei den folgenden Punkten an, ob Sie die angeführten Leistungen als ‚sehr
   gut', ‚gut', ‚ausreichend' oder ‚nicht ausreichend' einschätzen.

	sehr gut	gut	ausreichend	nicht ausreichend	weiß nicht
Hilfsbereitschaft des Personals					
Telephonservice					
Sauberkeit des Hotels insgesamt					
Ausstattung der Aufenthaltsräume					
Service im Frühstückszimmer					
allgemeine Atmosphäre im Hotel					

9. Ist dieses Hotel besser oder schlechter als
   Sie erwartet haben?
   ☐ viel besser
   ☐ ein bißchen besser
   ☐ so wie erwartet
   ☐ ein bißchen schlechter
   ☐ viel schlechter

10. Warum sind Sie dieser Meinung?
    _____
    _____

11. Würden Sie dieses Hotel wieder
    auswählen, falls Sie noch einmal nach
    Nürnberg kommen sollten?
    ☐ auf jeden Fall
    ☐ höchstwahrscheinlich
    ☐ vielleicht
    ☐ wahrscheinlich nicht

12. Abschließend noch ein paar Fragen zur
    Person:
    Aus welchem Land kommen Sie?
    _____

13. Welchen Beruf haben Sie?
    _____

14. Wie alt sind Sie?
    _____

15. Geschlecht:
    ☐ männlich
    ☐ weiblich

Vielen Dank.

- *Können Sie auf Anhieb sagen, welche Informationen durch den Fragebogen herausgefunden werden sollen, und welche Art von Konsumenten durch ihn befragt werden?*

- *Ist Ihnen auch aufgefallen, daß verschiedene Fragetechniken benutzt worden sind? Welche zum Beispiel?*

Bevor wir an die Gestaltung des Fragebogens für unser Produkt *Mmh* herangehen, muß dreierlei geklärt werden:

1 Welche Möglichkeiten der Frageformulierungen gibt es? Was muß dabei beachtet werden?
2 Welche Verbraucher/Verbraucherinnen kommen als Käufer in Frage? Kann man diese genau beschreiben?
3 Wie ist die Situation des Produktes auf dem Markt (in diesem Fall auf dem Schokoriegel-Markt)?

Vokabel-Tip

die Zielgruppe = die Gruppe, die als Käufer für mein Produkt in Frage kommt
die Konsumententypologie = die Einteilung der Verbraucher nach bestimmten Merkmalen
das Image = das Bild, das die Verbraucher von einem Produkt haben; dazu gehören auch Eigenschaften, die dem Produkt – obwohl sie direkt nichts mit ihm zu tun haben – rein gefühlsmäßig zugeordnet werden; *Schweppes* hat z.B. das Image, spleenig, englisch, individualistisch, intellektuell und versnobt zu sein
das Me-Too-Produkt = Produkt, das sich von den Konkurrenz-Produkten nicht unterscheidet

Gruppenarbeit

- *Bilden Sie drei Gruppen.*
  Jede Gruppe wird einen der drei oben genannten Fragenkomplexe bearbeiten. Dafür erhält jede Gruppe ein Informationsblatt mit Aufgaben.
  Vergessen Sie nicht, sich Notizen zu Ihren Arbeitsergebnissen zu machen.
  Wenn alle Gruppen Ihre Aufgaben bearbeitet haben, informieren die Gruppen sich gegenseitig über ihre Ergebnisse.

Gruppe I/Informationsblatt 1   Im nachfolgenden sehen Sie verschiedene Frageformen, die in Fragebögen Verwendung finden.
Untersuchen Sie, ob im vorliegenden Fragebogen diese Frageformen ebenfalls auftreten.
Versuchen Sie dann herauszufinden, ob der Fragebogen nach einem bestimmten Schema gegliedert ist.
Ihre Aufgabe wird sein, daß Sie kurz vor der Gesamtgruppe verschiedene Fragetypen vorstellen und über die Gliederung eines Fragebogens berichten.

Offene Fragen   Sie überlassen der Auskunftsperson die Formulierung der Antworten, z.B. „Was gefällt Ihnen besonders an diesem Produkt?"

Geschlossene Fragen   Bei diesen wird die Antwort durch Ankreuzen einer schon vorformulierten Aussage erfaßt. Man kann unterscheiden zwischen:

- Alternativfragen; hier gibt es üblicherweise drei Antwortmöglichkeiten, z.B. „Haben Sie diese Anzeige, die ich Ihnen jetzt vorlege, schon einmal gesehen?" (Ja/Nein/Weiß nicht)
- Auswahlfragen; z.B. „Hier ist eine Liste mit Zigarettenmarken. Welche rauchen Sie gegenwärtig?" (Marlboro/Camel/Peter Stuyvesant/HB)

Achtung! Offene Fragen sollten möglichst nicht eingesetzt werden, wenn davon ausgegangen werden kann, daß die Auskunftspersonen von dem Thema wenig oder keine Kenntnisse besitzen.
Geschlossene Fragen haben den Nachteil, daß wichtige Antworten unterlassen werden, wenn der Fragebogengestalter Antwortmöglichkeiten vergißt. Jedoch eignen sie sich besser für eine schnelle und einfache Auswertung des Fragebogens.

Indirekte Fragen Manchmal ist es nicht sehr ratsam, *direkte* Fragen einzusetzen (z.B. „Haben Sie heute schon XY-Zahnpasta benutzt?"), weil die Antworten unter Umständen nicht ehrlich sind. Indirekte Fragen sind psychologisch so geschickt formuliert, daß der/die Befragte nicht merkt, worauf die Frage abzielt.
Auf das obige Beispiel bezogen würde man folgendermaßen fragen: „Bekanntlich gibt es verschiedene Methoden der Mundpflege: Zahnpulver, Zahnpasta, Mundwasser etc. Haben Sie vielleicht gestern Zahnpasta benutzt oder haben Sie es anders gehalten?"

Polaritätenprofil So nennt man eine Skala, die z.B. die gegensätzlichen Eigenschaften eines Produktes zeigt. Mit ihrer Hilfe läßt sich herausfinden, welches Image ein Produkt hat.
Hier sehen Sie ein Beispiel eines Polaritätenprofils für das Image einer Automarke.

‚Wie beurteilen Sie die Eigenschaften des in der Anzeige gezeigten Autos?'

	sehr	etwas	wenig	sehr wenig	gar nicht
modern		✖			
originell	✖				
auffallend	✖				
elegant					✖
außergewöhnlich	✖				
geschmackvoll			✖		
neuartig	✖				
nachgeahmt					✖
veraltet		✖			

Gruppe II/Informationsblatt 2 Ihr Blatt enthält Angaben über verschiedene Einteilungsarten der Verbraucher in sogenannte Zielgruppen oder Verbrauchertypologien.
Nachdem Sie Ihre Informationen durchgelesen haben, versuchen Sie in dem vorliegenden Fragebogen herauszufinden, welcher Befragtenkreis wohl angesprochen wird.

Überlegen Sie sich dann, welche verschiedenen Zielgruppen an Schokoriegeln Interesse finden, und beschreiben Sie diese verschiedenen Käufertypen möglichst genau. Verwenden Sie dafür Ihr Informationsblatt. Ihre Aufgabe vor der Gesamtgruppe wird sein, über die von Ihnen gefundenen verschiedenen Verbrauchertypologien im Schokoriegelmarkt zu berichten.

Marktsegmentierung teilt den Markt in verschiedene Abnehmergruppen auf, auf deren Bedürfnisse Produkte und Marketingpolitik genau abgestimmt werden.

Einteilungsgesichtspunkte können sein

- die **Horizontale Marktaufteilung,** z. B. nach demographischen (Regionen) oder soziodemographischen Kriterien (Beruf, Alter, Geschlecht);
- die **Vertikale Marktaufteilung** nach Verhaltensmerkmalen der Konsumenten (Kaufmotivationen und Bedürfnisse);
- die **Laterale Marktaufteilung** nach Konsumententypologien.

Horizontale Marktaufteilung In der Bundesrepublik gibt es das sogenannte Nord-Süd-Verhältnis, d.h. die Menschen im Norden haben andere Konsumgewohnheiten als im Süden. So hat man z.B. herausgefunden, daß im Norden dunkleres Brot, herbere Schokolade und stärkere Biere bevorzugt werden als im Süden.

Soziodemographische Kriterien sind neben den genannten wie Beruf, Alter und Geschlecht auch Schulbildung, Familienstand, Wohnregion und Ortsgröße.

Konsumententypologien Bestimmte Typen von Konsumenten lassen sich durch gezielte Marktuntersuchungen herausfinden.
So hat man z.B. auf dem amerikanischen Markt folgende typische Zahnpastaverwender identifiziert:

Typus „sinnorientiert"	wählt Zahnpasta nach Geschmack und Verpackung aus
	typische Verbraucher sind Kinder
	Vorliebe für Pfefferminzgeschmack
Typus „gesellschaftsorientiert"	wählt Zahnpasta danach aus, wie stark die Zähne weiß werden
	typische Verbraucher sind junge Leute und Raucher
Typus „Besorgter"	wählt Zahnpasta danach aus, inwieweit die Zähne dadurch gesund erhalten werden
	typische Verbraucher sind große Familien mit hohem Zahnpastaverbrauch

| Typus „Unabhängiger" | wählt Zahnpasta nach dem Preis |
| | typischer Verbraucher ist der Mann mit hohem Zahnpastaverbrauch |

Grenzüberschreitende Konsumententypologie   Das International Research Institute on Social Change in Paris hat z.B. zwei Zielgruppen herausgefunden, deren Unterscheidung sich für ein Internationales Marketing, d.h. die Vermarktung eines Produkts über die nationalen Grenzen hinweg, eignen:

● **Aufsteiger.** Er ist ein Pragmatiker, sehr unternehmungslustig. Für ihn sind Gesundheit und Fitness wichtige Werte. Er mag einfache Situationen, klare Regelungen, feste Bahnen. Aufsteiger fahren mehrmals im Jahr in Urlaub. So splitten ihre Ferien 30 Prozent der europäischen Aufsteiger, aber nur 20 Prozent sämtlicher Europäer. Aufsteiger sind in ihrem Urlaub sehr viel aktiver und kreativer. Vielfach wählen sie Fortbildungsurlaub.

● **Trendsetter.** Sie kennzeichnet die Liebe zu einem spontanen, intensiven kommunikativen, gelegentlich auch zu einem gefährlichen Leben. Während Aufsteiger einen festen Freundeskreis haben, ziehen Trendsetter kurze, intensive Bindungen vor – zum Beispiel Telefonfreundschaften mit Menschen in anderen Ländern. Im Gegensatz zum Aufsteiger können sie im Urlaub auch einmal nur ganz einfach ausspannen. Überdies sind sie zu schnellen Entscheidungen fähig.

Gruppe III/Informationsblatt 3   Im nachfolgenden finden Sie eine Checkliste, die Ihnen dabei hilft, den Schokoriegelmarkt genauer zu analysieren.
Wir hatten unser Problemprodukt in dieser Lektion *Mmh* genannt, aber dieses Produkt gibt es in der Realität nicht.
Sie sollen sich jetzt überlegen, welcher der auf dem Markt vorhandenen Schokoriegel das Produkt sein könnte, das momentan Absatzschwierigkeiten hat. Dieses Produkt soll die Zustimmung aller in dieser Gruppe finden.

Anmerkung   Wenn Sie Wirtschaftsdeutsch in der Bundesrepublik lernen, dann sollten Sie sich für ein Produkt entscheiden, das es dort zu kaufen gibt. Lernen Sie dagegen Wirtschaftsdeutsch in einem anderen Land, so sollten sie sich für ein dort auf dem Markt erhältliches Produkt entscheiden, da Sie an Ihrem eigenen Aufenthaltsort den Schokoriegelmarkt am besten kennen.
Analysieren Sie jetzt dieses Produkt und seine Konkurrenzsituation mit Hilfe der Checkliste.
Ihre Aufgabe wird es sein, die Gesamtgruppe darüber zu informieren, welcher Schokoriegel das Problemprodukt seine könnte, und in welcher Marktsituation er sich befindet.

Checkliste

1 Welche hervorstechenden Eigenschaften weist die gewählte Schokoriegel-Marke auf?
2 Welche Zielgruppe wurde durch diese Marke bisher angesprochen?

3 Hat dieser Schokoriegel besondere Eigenschaften oder ist er ein Me-too-Produkt?

4 Welche anderen Schokoriegel-Marken sind bereits am Markt eingeführt?

5 Welche Eigenschaften sind für diese charakteristisch?

6 Welche Zielgruppen werden durch diese angesprochen?

7 Liegt verfestigtes oder flexibles Käuferverhalten vor?

8 Welche Konsequenzen hat die Konkurrenzsituation für das eigene Produkt?

Nachdem die Gesamtgruppe in die Vorüberlegungen zur Marktforschung eingeweiht worden ist, steht der Erstellung eines Fragebogens nichts mehr im Wege.

Projekt

- *Bilden Sie Dreiergruppen.*
  In jeder Gruppe sollte sich ein Mitglied aus den vorangegangenen Gruppen I, II und III befinden. Damit ist gewährleistet, daß jede Gruppe aus „Experten/Expertinnen" besteht.

1. Schritt: Die Aufgabe jeder Gruppe ist es zunächst, einen Fragebogen zu erstellen, der wichtige Informationen über die Ursachen für die schlechte Marktlage unseres Schokoriegels liefern soll. Versuchen Sie dabei, Ihr Wissen über Fragetechnik, Zielgruppen und Marktsituation Ihres Produkts anzuwenden.

2. Schritt: Dann führen Sie eine Verbraucherbefragung mit Hilfe Ihres Fragebogens durch.
   Sie können sich untereinander befragen, aber auch alle anderen Leute an Ihrem Unifachbereich. Hauptsache ist, daß diese Deutsch verstehen. (Befinden Sie sich in der Bundesrepublik, sollten Sie auch Leute außerhalb der Universität befragen.)

3. Schritt: Nun werten Sie bitte Ihre Fragebögen aus.
   Hierfür ist es zuerst notwendig, daß Sie alle Antworten sammeln und auszählen. Anhand dieser Ergebnisse können Sie dann Schwerpunkte im Verbraucherverhalten erkennen. Dann müssen Sie die Ergebnisse der Fragen, die zusammengehören, miteinander vergleichen, um Auskunft über *verborgene* Zusammenhänge zu erhalten.
   Ein Beispiel: Sie wollen herausbekommen, ob Schokoriegel von den Konsumenten als Dickmacher betrachtet werden. In Ihrem Fragebogen standen zwei Fragen:
   „Haben Sie schon einmal den Y-Schokoriegel gegessen? Wann zum letzten Mal?"
   „Würden Sie sagen, Sie müssen darauf achten, Ihr Gewicht nicht zu überschreiten?"
   Wenn Ihre Einzelresultate z.B. zeigen, daß 30% schon den Y-Schokoriegel gegessen haben und 70% der Befragten auf ihr Gewicht achten müssen, dann liegt der Schluß nahe, daß der Y-Schokoriegel von den meisten Verbrauchern aus dem Grund des Dickmachens nicht gekauft wird.
   Sie müßten dann die Ergebnisse noch einmal daraufhin

überprüfen, ob die Verbraucher/Verbraucherinnen, die den Schokoriegel nicht gekauft haben, diejenigen sind, die auf ihr Gewicht achten müssen.

Somit sollte man vielleicht in der Werbung später versuchen, das Argument des Dickmachens zu entkräften.

Machen Sie sich Notizen über die von Ihnen herausgefundenen Ursachen.

4. Schritt: Jetzt geht es an die Umsetzung der von Ihnen gefundenen Marktforschungsergebnisse. D.h. Sie müssen sich jetzt Strategien überlegen, wie dem Schokoriegel-Produkt geholfen werden kann.

5. Schritt: Da sicherlich jede Gruppe zu anderen Erkenntnissen gekommen ist, ist es interessant, die Vorschläge der anderen Gruppen zu hören.

Jede Gruppe stellt ihre durch die Befragung gefundenen Erkenntnisse dar und macht einen Vorschlag, wie die Probleme des Schokoriegels beseitigt werden könnten.

Die Strategie, die von den meisten Gruppen unterstützt wird, sollte dann die Grundlage für weitere Aufgaben dieser und der nächsten Lektion sein.

Machen Sie sich Notizen zu den Vorschlägen Ihrer Mitstudenten und Mitstudentinnen und über das Ergebnis Ihrer Diskussion.

Schriftliche Aufgabe

- *Fertigen Sie ein schriftliches Protokoll über die Diskussion zur Lösung der Probleme des Schokoriegels an.*

PRODUKTPOLITIK

Verschiedene Strategien, die darauf gerichtet sind, neue Produkte auf den Markt zu bringen oder im Markt zu halten, faßt man unter *Produktpolitik* zusammen.

Es gibt verschiedene Strategien:

- Entwicklung und Einführung neuer Produkte (*Produktinnovation*);
- Veränderung bereits produzierter und am Markt befindlicher Produkte (*Produktvariation*);
- Herausnahme von Produkten aus dem Markt (*Produkteliminierung*);
- Aufnahme zusätzlicher Produkte in das bereits bestehende Produktangebot (*Diversifikation*).

Unter welcher Strategie würden Sie Ihre Vorschläge zur Verbesserung des Schokoriegel-Produkts einordnen?

Planen Sie eine Produktinnovation, -variation, -diversifikation oder gar eine Produkteliminierung?

Jede dieser produktpolitischen Strategien verfolgt bestimmte Ziele. Bitte erarbeiten Sie diese in Gruppen.

Gruppenarbeit

- *Bilden Sie vier Gruppen. Jede Gruppe sucht sich eine der folgenden Fragen zur Bearbeitung aus:*

  (I) Warum ist Produktinnovation für ein Unternehmen notwendig? Welche Nachteile beinhaltet der Zwang zur Innovation? Nennen Sie Beispiele aus der Praxis.

  (II) Wann kann es für ein Unternehmen manchmal sinnvoll sein, eine Produktvariation durchzuführen? Welche Produktvariationen gibt es? Nennen Sie Beispiele aus der Praxis.

  (III) Welche Gründe können ein Unternehmen zur Produkteliminierung veranlassen? Nennen Sie Beispiele aus der Praxis.

  (IV) Immer mehr Unternehmen verfolgen eine Diversifikationsstrategie. Warum? Nennen Sie Beispiele aus der Praxis.

  Nach der Fertigstellung der Aufgaben wählt jede Gruppe einen Sprecher/eine Sprecherin, der/die die wichtigsten Arbeitsergebnisse der Gesamtgruppe vorträgt.

Am häufigsten wird in der Praxis die Produktvariation durchgeführt, vorausgesetzt das Produkt weist nicht so schwere Mängel auf, daß es ratsam ist, es zu eliminieren.

Hier sehen Sie einen Überblick über die verschiedenen Formen der Produktvariation anhand des Beispiels eines Shampoos:

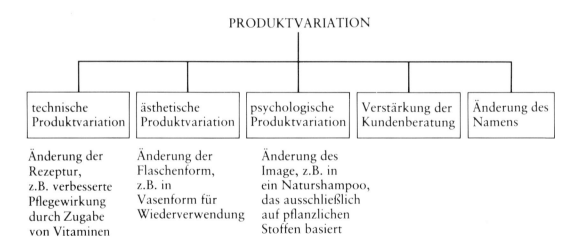

PRODUKTVARIATION

technische Produktvariation	ästhetische Produktvariation	psychologische Produktvariation	Verstärkung der Kundenberatung	Änderung des Namens
Änderung der Rezeptur, z.B. verbesserte Pflegewirkung durch Zugabe von Vitaminen	Änderung der Flaschenform, z.B. in Vasenform für Wiederverwendung	Änderung des Image, z.B. in ein Naturshampoo, das ausschließlich auf pflanzlichen Stoffen basiert		

Partnerarbeit

- *Nehmen Sie sich noch einmal Ihren gemeinsamen Strategieplan zur Verbesserung des Schokoriegel-Produkts vor. Versuchen Sie, mit Hilfe des obenstehenden Überblicks verschiedene Möglichkeiten der Produktvariation für Ihren Problem-Schokoriegel zu entwerfen.*

Vorsicht   Wenn Ihre Produktveränderungen so einschneidend sind, daß der Verbraucher das Produkt nicht wiedererkennt, haben Sie bereits ein neues Produkt geschaffen.

Schriftliche Aufgabe

- *Gehen Sie auf die Suche nach Produktvariationen in Ihrem Kaufhaus oder Supermarkt.*
  Entscheiden Sie sich dann für ein vor nicht langer Zeit verändertes Produkt.
  Verfassen Sie einen Bericht über dieses Produkt für die Fachzeitschrift Marketing.

  Folgende Punkte sollten Sie dabei berücksichtigen:
  - *Was wurde an dem Produkt verändert?*
  - *Welche Zielgruppe sollte früher/soll jetzt erreicht werden?*
  - *Welche Gründe könnte es für diese Produktvariation gegeben haben?*

  Außerdem sollte Ihr Bericht eine Beurteilung über die durchgeführte produktpolitische Strategie enthalten.

Tip

Vielleicht haben Sie ja auch Lust, bei dem betreffenden Unternehmen schriftlich anzufragen, warum das Produkt geändert worden ist.

Der Markenartikel

Fast jeder Hersteller träumt davon, daß sein neues Produkt ein Markenartikel wird. Die Realität dagegen zeigt häufig ein anderes Bild: 90% der neu eingeführten Produkte erweisen sich im Laufe von ein bis zwei Jahren als „Flops". Folgende Merkmale kennzeichnen einen Markenartikel:

1 Er ist eine unverwechselbar markierte Fertigware.
Die unverwechselbare Markierung ist das sogenannte Logo. Es ist vor Nachahmungen gesetzlich geschützt. Nachfolgend sehen Sie eine Reihe von Logos, die auf dem deutschen Markt vorhanden sind. Einige von ihnen sind Ihnen sicherlich bekannt.

Versuchen Sie herauszufinden, welche Art von Produkten die Logos repräsentieren.

2 Durch gleichbleibende Qualität setzt er Qualitätsmaßstäbe für Konkurrenzprodukte.
Der Verbraucher hat die Garantie,

daß sein Produkt höchsten Qualitäts- und Sicherheitsanforderungen genügt.

3 Er hat für lange Zeit die gleiche Aufmachung.

Hier kommt der Verpackung besondere Bedeutung zu, denn durch ihre Farbe und/oder Form wird das Produkt vom Verbraucher sofort erkannt.

4 Er ist in der Regel national, teilweise aber auch international bekannt und breit distribuiert.

Das garantiert gleichbleibende, überregionale Versorgung und bequemen Einkauf.

5 Er paßt sich den Verbraucherwünschen, die ständig wechseln, an.

Das Produkt bleibt zwar das gleiche, aber es wird nie altmodisch. Das wird durch sogenannte Image-Strategien erreicht, indem mit Hilfe der Werbung dem Produkt immer dann, wenn es unmodern zu werden droht, ein neues Image gegeben wird.

Im nachfolgenden Text wird eine erfolgreiche Image-Strategie vorgestellt:

Mythos und Design

So hat das Unternehmen Levi Strauss mit seiner Image-Strategie die Jeans wieder ins Gespräch gebracht. Der Nostalgie-Trend der Fifties und Sixties wurde von der legendären „501" total ausgeschöpft. Der weltgrößte Bekleidungshersteller nutzte nicht nur den Trend – er gestaltete ihn. Die „501", der Mythos um die Jeans mit den Knöpfen, wurde kommunikativ erfolgreich umgesetzt. Ein Stück geköperte Baumwolle plus Indigo erhielt eine neue qualitative Aussage. Das Produkt „Jeans" reichte als Differenzierungsmerkmal nicht mehr aus; die Marke und ihre Botschaft standen nun im Vordergrund. So wird die „501" heute ebenso vom aufstrebenden Jungunternehmer mit Seidenkrawatte und Cashmere-Sakko, aber auch vom Acid-Fan mit Smiley-T-Shirt und Turnschuhen getragen. Das Produkt hat sich nie verändert – es blieb über Jahrzehnte gleich –, nur seine Botschaft suchte sich den richtigen Trend. Somit wurde der Mythos um die Jeans wiedergeboren.

Aufgabe

Vokabel – Suche

Versuchen Sie anhand des Textes zu beweisen, daß Levis „501" ein Markenartikel ist.

Im Text sind eine ganze Reihe von Fachbegriffen aus dem Marketing verwendet worden.
Versuchen Sie einmal anhand des Textes folgende Wörter zu erklären:

der Flop   =
das Logo   =
die Aufmachung =
distribuiert   =
die Distribution =

Aufgabe

- *Sicherlich kennen Sie viele Markenartikel. Aber halten alle auch diesen im Text dargelegten strengen Maßstäben stand?*

- *Versuchen Sie, zusammen mit Ihrer Partnerin/Ihrem Partner einen Markenartikel zu finden, der alle diese Kriterien erfüllt. Geben Sie zu jedem Punkt eine Erklärung, warum Ihr Produkt diese Anforderungen erfüllt.*

- *Jedes Gruppenmitglied stellt dann in der Gesamtgruppe seinen/ihren Markenartikel vor.*

Werbung

Auf den nächsten zwei Seiten sehen Sie eine Auswahl von Werbeanzeigen, in denen für ganz unterschiedliche Dinge geworben wird.
Versuchen Sie einmal, diese Anzeigen zu ordnen.
Das untenstehende Schaubild soll Ihnen dabei helfen.

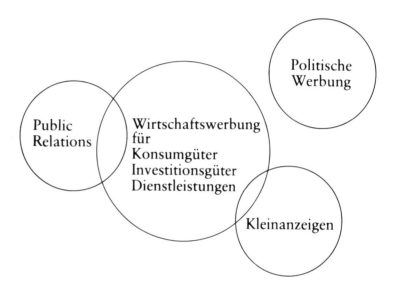

Überlegen Sie sich auch, in welchen Werbeträgern diese Anzeigen erscheinen könnten (z.B. in Tageszeitungen, Wirtschaftsmagazinen, Frauenzeitschriften, Beilagen von Zeitungen), und geben Sie Gründe für Ihre Meinung an.

In dieser Lektion werden Sie lernen, was unter Werbung verstanden wird und welche Funktion sie hat.
Darüber hinaus werden Sie sprachliche und bildnerische Gestaltungsmittel von Werbeanzeigen kennenlernen, die geeignet sind, das Interesse des Verbrauchers an dem beworbenen Produkt zu wecken.
Zum Schluß lernen Sie, wie Werbung in der Praxis abläuft und das dazugehörige Fachvokabular.

WAS IST WERBUNG?

Werbung ist aus unserem Leben nicht mehr wegzudenken. Sie begegnet uns überall, und sie nimmt weiter zu, wie die steigenden Werbeausgaben der Unternehmen beweisen.
Können Sie eine Antwort darauf finden, warum es soviel Werbung gibt, und warum die Unternehmen ihre Werbeaufwendungen Jahr für Jahr erhöhen?

1983

SIEMENS

Keine Bange vor Tokio – das Telefon dolmetscht.

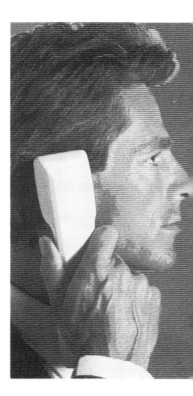

Dahinter steckt ein Computer. Als Dolmetscher im Telefonnetz analysiert er das Klangbild und die Bedeutung der Worte und überträgt dann den Satz in die Sprache des Partners.

Dieser intelligente Computer ist ein Forschungsprojekt. Bis er kann, was er soll, wird es ganz sicher noch etwas dauern. Aber ein Ergebnis liegt bereits vor: Unser Sprachcomputer mit „Künstlicher Intelligenz" ist marktreif und überträgt heute schon Fachtexte in mehrere Sprachen.

Er ist nur ein Beispiel dafür, wie Siemens mit innovativen Lösungen neue Märkte erschließt und damit Umsatz, Erträge und Arbeitsplätze auch langfristig sichert.

Siemens forscht für die Märkte von morgen.

6 bis 48 Tonner für alle Einsatzbereiche. Das zukunftsorientierte MAN-Nutzfahrzeuge-Programm

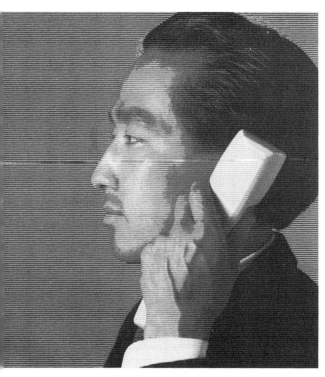

"Ich rauche gesu!"

R1. Verblüffend
viel Geschmack bei 0,2/2.

0,2/2

Der Bundesgesundheitsminister: Rauchen gefährdet Ihre Gesundheit.
Der Rauch einer Zigarette dieser Marke enthält 0,2 mg Nikotin und 2 mg Kondensat (Teer). (Durchschnittswerte nach DIN).

Zukunftsorientierte Nutzfahrzeugkon-
zepte stehen vor großen Herausforderungen. Verlangt sind hohe Anpassungsfähigkeit an stark unterschiedliche
Transportaufgaben. Leistungsstärke bei
wirtschaftlichem Betrieb. Ein Höchst-
maß an Sicherheit und Umweltfreund-
lichkeit. – Anforderungen, die in allen
Nutzfahrzeugklassen gelten.

G 90 – M 90 – F 90 ist die Antwort von
MAN. Ein an den Bedürfnissen zukünf-
tiger Transportmärkte entwickeltes
Nutzfahrzeuge-Gesamtprogramm.
Lückenlos geschlossen von 6 – 48 Ton-
nen und auf dem modernsten Stand
der Technik. Spitzentechnologie von
MAN für den spürbaren Fortschritt in
Transportleistung, Antriebstechnik und
Fahrkomfort.

MAN

**Wirtschaftlichkeit
ist unser Konzept**

NEU:
Täglich nonstop
nach Boston
und DETROIT

NORTHWEST

DETROIT, DIE WIEGE
DES CADILLAC.
NORTHWEST
BRINGT SIE HIN.
NONSTOP.

**Ab dem 2. Juni fliegen
wir täglich nonstop
von Frankfurt nach
Detroit. Mit moder-
nen, komfortablen
Großraumflugzeugen.
Als eine der größten
internationalen Flug-
gesellschaften fliegen
wir nahezu 100 Städte
in den USA und Nord-
amerika an.**

LOOK TO US   NORTHWEST AIRLINES

Frankfurt 0 69/6 66 66 11 – 01 30/94 00, Zürich 01/25 12 000, Wien 01/51 28 709

Vokabel-Tip

werben

Im Deutschen wirbt man *für* etwas, also z.B.

- Im Fernsehen wird *für* Milch geworben.

  ODER

- Die Firma X wirbt *für* die Vorzüge ihres Produkts.

Ein Produkt *bewerben*, heißt, eine Werbung für ein Produkt machen. Die *Werbung* ist ein Sammelbegriff für Handlungen, bei denen für jemanden oder für etwas geworben wird; es wird nur in der Einzahl verwendet; man spricht von *Anzeigen* in Zeitungen und Zeitschriften, von *Werbefilmen* im Kino, von *Werbespots* im Fernsehen.

Werbung nennt man in der Fachliteratur auch *Marketingkommunikation.* Handelt es sich aber bei Werbung wirklich um Kommunikation? Diese Frage wollen wir anhand des folgenden Kommunikationsmodells zu erklären versuchen.

- Ersetzen Sie bitte die dort angegebenen Begriffe durch die Wörter *Unternehmen, Verbraucher, Werbung, Werbeträger* und *Kauf.*

- Erklären Sie dann mit Hilfe des Modells, warum es sich bei der Werbung um eine Form der Kommunikation handelt.

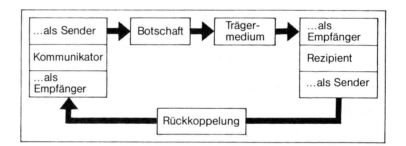

DIE AIDA-FORMEL

Werbung hat das Ziel, die Verbraucher zum Kauf eines bestimmten Produkts anzuregen.

Lewis entwarf 1898 die sogenannte AIDA-Formel, nach der Werbung im Menschen bestimmte psychische Prozesse in folgender Reihenfolge auslösen soll:

A = Attention = Erregung von Aufmerksamkeit
I = Interest = Interesseerweckung
D = Desire = Wunsch
A = Action = Handlung

Werbung, die erfolgreich sein soll, folgt in der Konzeption heute noch immer dieser Formel.

Nehmen wir noch einmal die auf der Seite 104 und 105 gezeigten Anzeigen zur Hand, um zu verstehen, was mit dieser Formel gemeint ist.

Gruppenarbeit

- *Bilden Sie Gruppen.*
  Jede Gruppe versucht für eine Anzeige aufzuzeigen

  - *wodurch in der Anzeige Aufmerksamkeit und Interesse geweckt wird,*
  - *inwiefern ein Kaufwunsch beim Betrachter/bei der Betrachterin entstehen könnte, und*
  - *ob die Anzeige so gut gestaltet ist, daß der Betrachter/die Betrachterin dieses Produkt oder diese Dienstleistung erwerben wird.*

  Stellen Sie Ihre Ergebnisse dann der Gesamtgruppe vor.

Nachfolgend sehen Sie die graphische Darstellung einer Untersuchung, die ausgeführt wurde, um herauszufinden, welche Faktoren die Konsumenten zum Kauf eines Produkts anregen.

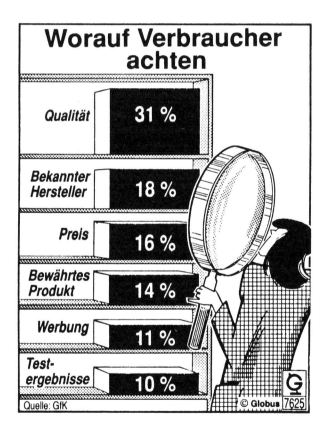

Worauf Verbraucher achten

Qualität	31 %
Bekannter Hersteller	18 %
Preis	16 %
Bewährtes Produkt	14 %
Werbung	11 %
Testergebnisse	10 %

Quelle: GfK © Globus 7625

- *Ist dieser Untersuchung zufolge der Verbraucher von heute ein kritischer Kunde?*

- *Wodurch lassen Sie sich beim Kauf eines Produkts leiten?*

Diskutieren Sie diese Fragen bitte in der Gesamtgruppe.

Schriftliche Aufgabe

Nachdem wir einen genauen Blick darauf geworfen haben, was Werbung ist, welche unterschiedlichen Arten der Werbung es gibt und warum geworben wird, versuchen Sie bitte, schriftlich eine Definition des Begriffs *Werbung* zu erarbeiten.

SPRACHLICHE UND BILDNERISCHE GESTALTUNG VON WERBEANZEIGEN

Im nachfolgenden Teil wollen wir uns nur mit der Wirtschaftswerbung befassen und hier auch nur mit dem Teilbereich Wirtschaftswerbung für Konsumgüter und Dienstleistungen.
Wir wollen uns die Werbeanzeige als wichtigstes Werbemittel einmal genauer anschauen.

Aufgabe

Wörter der Werbung

Sammeln Sie bitte ein paar deutsche Werbeanzeigen für Konsumgüter oder Dienstleistungen. Diese Anzeigen wollen wir als Arbeitsgrundlage für die nächsten Stunden benutzen.

die Headline = Schlagzeile einer Werbeanzeige
der Slogan = ein Werbespruch, der aus einer kurzen, graphisch isoliert erscheinenden Textzeile besteht, der in der Regel für eine längere Zeit benutzt wird

Nehmen Sie sich nun die von Ihnen zusammengetragenen Anzeigen vor, und bearbeiten Sie folgende Fragen:

- *Welche Bestandteile hat eine Werbeanzeige? (siehe Vokabel-Tip)*
- *Weist jede Anzeige diese Bestandteile auf? Wenn nein, warum nicht?*
- *Ist die Anordnung dieser Bestandteile rein zufällig?*

Sie können für die Beantwortung dieser Frage die Abbildung auf der nächsten Seite zu Rate ziehen, die den Blickverlauf eines Lesers beim Betrachten dieser Anzeige aufzeigt.

Fassen Sie Ihre gefundenen Ergebnisse zusammen, indem Sie diese nicht ausformulieren, sondern sich nur Stichwörter notieren.

Die wichtigsten Gestaltungselemente einer Anzeige sind der *Werbetext* und das *Bild*. Beide Elemente sind auf das Produkt, für das geworben wird, genau abgestimmt.
Daher müssen wir, wenn wir die Text- und Bildgestaltung genauer betrachten wollen, die Werbeanzeigen nach Produktgruppen ordnen. Beispiele für Produktgruppen könnten sein: Autos, Kosmetika, Zigaretten, Alkoholika, Lebensmittel, etc.

Gruppenarbeit

Ordnen Sie bitte alle von der Gruppe gesammelten Werbeanzeigen nach Produktgruppen. Wählen Sie pro Produktgruppe die drei Ihrer Meinung nach ansprechendsten Anzeigen aus.

Achten Sie bitte dabei darauf, daß diese Anzeigen alle eine Headline, einen Text und einen Slogan aufweisen.

Bilden Sie dann Dreiergruppen, die die Anzeigen jeweils einer Produktgruppe bearbeiten.

In diesen Dreiergruppen übernimmt jeder verschiedene Aufgaben, d.h. eine/einer ist für die Bearbeitung der Textgestaltung, ein anderer/eine andere für die Bearbeitung der Gestaltung der Headline und des Slogans, und der/die dritte ist für die Bildgestaltung zuständig.

Beginnen Sie nun mit der Aufteilung der Aufgaben und der Bearbeitung Ihrer Arbeitsblätter auf den folgenden Seiten.

Untersuchung des Werbetextes I, Arbeitsblatt 1   Ihre Aufgabe in der Gruppe ist es, den Text der Ihnen vorliegenden Anzeigen genauer zu untersuchen. Zur Erleichterung stehen Ihnen zwei Skalen zur Verfügung.

In der ersten Skala finden Sie eine Liste von Absichten, die durch den Werbetext sprachlich ausgedrückt werden.

In der zweiten Skala ist eine Auswahl von Wirkungen aufgeführt, die durch den Werbetext beim Leser/bei der Leserin erreicht werden sollen. Tragen Sie bitte die Produktnamen der Werbeanzeigen, die Sie untersuchen, in beide Skalen ein.

Untersuchen Sie dann, welche der Absichten und Merkmale in den Texten der verschiedenen Produkte vorkommen, und kreuzen Sie die betreffenden Spalten an.

Textabsichten	Folgende Absichten werden deutlich ausgedrückt in der Anzeige für		
	. . . . . .	. . . . . .	. . . . . .
Es wird etwas versprochen			
Es wird etwas behauptet			
Es wird übertrieben			
Es wird informiert			
Es wird beraten			
Es wird zu etwas aufgefordert			
Es wird Humor eingesetzt			
Ganz andere Absicht (bitte nennen)			

Textwirkungen	Hieran wird deutlich appelliert in der Anzeige für		
	. . . . . .	. . . . . .	. . . . . .
Schönheit/Attraktivität			
Eitelkeit/Stolz			
Exklusivität			
Individualität			
Besitzdenken/Sicherheit			
Lebensfreude			
Gesundheit			
Karriere			
Andere geheime Wünsche (bitte nennen)			

Stellen Sie nun fest, ob sich bei allen drei Anzeigen bestimmte Absichten und Wirkungen wiederholen. Sollte das der Fall sein, versuchen Sie einen Grund dafür zu finden.

Wenn Sie diese Aufgaben gelöst haben und Ihre beiden Partner/Partnerinnen ebenfalls Ihre Aufgaben fertiggestellt haben, dann informieren Sie diese über die von Ihnen gefundenen Ergebnisse.

Untersuchung des Werbetextes II, Arbeitsblatt 2 Ihre Aufgabe in der Gruppe ist es zu untersuchen, wie die einzelnen Textteile zueinander in Beziehung stehen. Damit Ihre Arbeitsergebnisse übersichtlich bleiben, sollten Sie die untenstehende Tabelle für Ihre Notizen benutzen.

Schauen Sie zuerst den Haupttext der Werbeanzeigen auf Schlüsselwörter durch, also auf solche Wörter, die häufig vorkommen und in einer Beziehung zum Produkt stehen.

Ein Beispiel: In der Anzeige zu dem Rotkohl-Produkt von Kühne (vgl. Seite 104) gibt es folgende Schlüsselwörter: lecker, schmeckt (abgeschmeckt), Rotkohl (Kühne-Rotkohl).

Dann schauen Sie sich die Headline und den Slogan daraufhin an, ob die von Ihnen im Text gefundenen Schlüsselwörter auch dort wieder auftauchen. Falls das nicht der Fall ist, versuchen Sie die Headline und/oder den Slogan mit ein paar Worten zu umschreiben.

Im Fall des oben genannten Produktbeispiels (Rotkohl von Kühne) wäre das vielleicht „Produkt ist optimal".

Betrachten Sie dann einmal den Slogan genauer. Neben dem Produktnamen weist er in der Regel besondere rhetorische Gestaltungsmerkmale auf. Hier ein paar Beispiele:

- Alliteration (d.h. aufeinander folgende Wörter haben den gleichen Anlaut)
  Beispiel: **M**ilch **m**acht **m**üde **M**änner **m**unter
  Aus Freude am Fahren – BMW

- Vermenschlichung des Produkts durch entsprechende Metaphern
  Beispiel: *Sandemann* – Der Gentleman unter den Sherrys

- Parodien auf Sprichwörter oder Lieder
  Beispiel: All you need is taste – *Jim Beam*
  Müssen Kekse Sünde sein?
  You are the Sony of my life!

- Dreierfiguren (Rhetorische Trias)
  Beispiel: sicher – zuverlässig – langlebig – *VOLVO*

Finden sich solche oder andere Gestaltungsmerkmale auch in Ihren Anzeigen wieder? Wenn ja, welche?
Geben Sie auch Gründe für solche rhetorische Kniffe an.

	Schlüsselwörter im Haupttext der Anzeige	Schlüsselwörter in der Headline der Anzeige	Schlüsselwörter im Slogan der Anzeige	Gestaltung des Slogans
Produkt				
Produkt				
Produkt				

Anhand Ihrer Notizen in der Tabelle wird es Ihnen jetzt sicherlich leichtfallen festzustellen, ob und welche Beziehung es zwischen den Textteilen einer Werbeanzeige gibt.

Wenn Sie diese Aufgaben gelöst haben und Ihre beiden Partner/ Partnerinnen ebenfalls Ihre Aufgaben fertiggestellt haben, dann informieren Sie diese über die von Ihnen gefundenen Ergebnisse.

Untersuchung der Bildgestaltung, Arbeitsblatt 3 Das Bild ist das wichtigste Element in der Werbeanzeige, denn es soll Aufmerksamkeit beim Betrachter/bei der Betrachterin auslösen (vgl. AIDA-Formel). Ihre Aufgabe in der Gruppe ist es, die bildnerische Gestaltung der Ihnen vorliegenden Werbeanzeigen zu untersuchen.

Bitte bearbeiten Sie die nachfolgenden Fragen. Damit Ihre Arbeitsergebnisse übersichtlich bleiben, sollten Sie die nebenstehende Tabelle für Ihre Notizen benutzen.

- *Wie wird das Produkt im Bild präsentiert?*
  z.B. Ist es überhaupt abgebildet? Wenn ja, wie groß? Wird es benutzt/ verarbeitet/gegessen?

- *Welcher Farbton überwiegt und welche Assoziation ist damit verknüpft?*
  Falls Sie die psychischen Assoziationen, die man mit bestimmten Farbtönen verknüpft, nicht kennen, schauen Sie sich die folgende Tabelle an:

Farbton	Assoziationen
rot	aktiv, heiß, Kraft, Blut, Feuer
rosa	zart, scheu, mädchenhaft, duftig
orange	herzhaft, leuchtend, reif, freudig, warm
goldgelb	strahlend, sonnig, leicht, lichthaft
grün	ergeben, erfrischend, knospend, kühlend
reinblau	passiv, zurückgezogen, kalt, naß, fern
violett	düster, tief, samtig, faulig, süß
hellila	schwächlich, zart, kränklich, magisch

- *Welche Situation wird gezeigt?*
  z.B. Sieht man eine gesellige Runde oder nur einen Menschen? Ist eine Landschaft abgebildet, oder zeigt das Bild eine Situation im Inneren eines Gebäudes?

- *Welche Effekte werden eingesetzt?*
  z.B. Sex, Humor, Exklusivität

- *Welche Assoziationen werden beim Betrachter des Bildes ausgelöst?*
  z.B. ewige Jugend, Geselligkeit, Sicherheit

---

die Assoziation: darunter versteht man, daß Menschen zu einem wahrgenommenen Gegenstand eine gedankliche Verbindung zu anderen Dingen herstellen; z.B. assoziieren viele Leute mit der Abbildung von Sonne und Meer „Urlaub"

Bildgestaltung

	Produkt	Produkt	Produkt . . . . . .
Präsentation des Produkts			
Farbton und Assoziation			
dargestellte Situation			
eingesetzte Effekte			
hervorgerufene Assoziation			

Stellen Sie nun fest, ob sich bei den drei Anzeigen bestimmte Bildgestaltungsmerkmale wiederholen. Sollte das der Fall sein, versuchen Sie, einen Grund dafür zu finden.
Abschließend schauen Sie sich bitte noch einmal das Bild an, um festzustellen, ob es einen Text zur Erklärung benötigt, oder ob das Bild alleine genügend aussagefähig ist.
Wenn Sie diese Aufgabe gelöst haben und Ihre beiden Partner/ Partnerinnen ebenfalls ihre Aufgaben fertiggestellt haben, dann informieren Sie diese über die von Ihnen gefundenen Ergebnisse.

Schauen Sie sich jetzt zusammen mit Ihren Partnern/Partnerinnen die Anzeige gemeinsam an und überlegen Sie, ob die Gesamtgestaltung der Anzeigen als gelungen betrachtet werden kann. Sie sollten dabei folgende Punkte berücksichtigen:

- *Passen Text (also auch Headline und Slogan) und Bild zu dem Produkt, für das geworben wird?*
- *Paßt der Text zum Bild (oder umgekehrt)?*
- *Wird beim Leser genügend Aufmerksamkeit und Interesse geweckt, um gemäß der AIDA-Formel eine Kaufhandlung auszulösen?*

Machen Sie sich dann Notizen über Ihre Arbeitsergebnisse.
Zum Abschluß hält jede Gruppe einen kleinen Vortrag über ihre Arbeitsergebnisse.

Schriftliche Aufgabe

- *Diskutieren Sie zuerst gemeinsam, welche Überlegungen beim Entwurf einer Werbeanzeige angestellt werden sollten.*
  Machen Sie sich Notizen zu folgenden Punkten:
  - *Überlegungen, die am Anfang einer Werbeanzeigengestaltung stehen sollten*
  - *Überlegungen zur Bild- und Textgestaltung*
  - *Überlegungen zur Gestaltung des Slogans*

- *Verfassen Sie dann auf der Basis Ihrer Notizen einen ausführlichen Bericht für eine Marketing-Fachzeitschrift, in dem Sie die wichtigsten Regeln zur wirkungsvollen Gestaltung von Werbeanzeigen darlegen und erläutern.*

Werbung ist ein sehr komplizierter Prozeß. Es müssen sehr viele Vorarbeiten und Vorüberlegungen geleistet werden, ehe der Werbeleiter einer Firma ein paar Werbeagenturen anrufen und sagen kann: „Machen Sie mir doch mal einen Vorschlag für eine Werbeanzeige für das Produkt XY."
Im nachfolgenden Artikel erfahren Sie kurz und knapp, wie Werbung abläuft.

Wie Werbung abläuft

Ein Hersteller hat ein Produkt, das er verkaufen will.

Sein *Werbeleiter*/seine *Werbeleiterin* sucht eine Agentur, die die Werbung für das Produkt machen soll. Zunächst fordert er mehrere Agenturen auf, sich bei seiner Firma um diesen Auftrag zu bewerben. Er gibt diesen Agenturen ein erstes *Briefing*, in der Produkt (Aussehen, Eigenschaften), Zielgruppe, Marktlage, Konkurrenzsituation und *Werbeziel* beschrieben sind.
Er verspricht für die Vorschläge allen Agenturen ein gewisses Honorar, z.B. 20.000 DM.

Die Agentur, die mit Ihren Ideen den Auftrag gewinnt, bekommt den *Werbeetat* für das Produkt zugesprochen, z.B. 3 Millionen DM. Von diesem Geld kann sie 15% als Honorar einbehalten.

Die Agentur ernennt einen *Kontakter*, der von jetzt ab für die Koordination aller mit dem Produkt zusammenhängenden Aufgaben verantwortlich ist und vor allem den Kontakt zu dem Unternehmen pflegt.

Auf der Grundlage der Marktforschungsergebnisse entwickelt ein Gestaltungsteam (normalerweise das gleiche Team, das mit seinen Ideen schon den Werbeauftrag bekommen hat), bestehend aus einem *Texter*, einem *Art Director* und einem *Layouter* ein genaues Gestaltungskonzept. Dieses muß nicht unbedingt mit dem alten übereinstimmen, da vielleicht neue Ideen entwickelt worden sind oder das Unternehmen seine Überlegungen geändert hat.

Das Gestaltungskonzept wird der *Mediaabteilung* gezeigt, die nun ausrechnen muß, welche Medien oder *Werbeträger* die Werbung am preisgünstigsten an möglichst viele Leute aus der richtigen Zielgruppe heranbringen.

Die Vorschläge des Mediamannes/der Mediafrau werden mit den Gestaltern abgestimmt.
Z.B. kann man für einen Blasen-Kaugummi, der besonders laut knallt und für Jugendliche bestimmt ist, schlecht in einer Jugendzeitschrift werben, weil dort das Knallen nicht zu hören ist. Eine Werbung im Fernsehen würden sich zu viele Erwachsene angucken, so daß die Werbung an der Zielgruppe vorbeigeht. Eine Lösung wäre die Werbung in einem Privatrundfunk, dessen Sendungen zu bestimmten Tageszeiten fast nur von Jugendlichen gehört werden.

Der Texter textet jetzt die ausgewählten *Werbemittel*, und der Layouter setzt das vom Art Director entwickelte Bildkonzept optisch um. Beim *TV-Spot* malt der Layouter jetzt das *Storyboard*.

In dieser Phase passiert es, daß die Marktforschung noch einmal eingeschaltet wird, um die Werbemittel zu testen. Oft werden auch mehrere Ideen gegeneinander getestet.

Die beste Kampagne gewinnt, und der Kunde gibt (hoffentlich) sein OK. Dann wird, je nachdem welches Werbemittel es ist, fotografiert, illustriert, gefilmt oder ein Funkspot aufgenommen.

Das Werbemittel erscheint.

Werbe-Vokabular

der Werbeleiter/die Werbeleiterin	= leitende(r) Angestellte(r) einer Firma, der/die für die Produktwerbung verantwortlich ist
das Briefing	= schriftliche Aufgabenstellung des Kunden/der Kundin an die Werbeagentur, in der er/sie das Produkt beschreibt und die Eigenschaften, die beworben werden sollen
das Werbeziel	= das Ziel, das durch die Werbung erreicht werden soll; z.B. durch das Herausstellen besonderer Qualitätsmerkmale das Image eines Qualitätsprodukts schaffen
der Werbeetat/das Werbebudget	= das Geld, das in einem Jahr für die Werbung eines Produkts ausgegeben wird
der Texter	= derjenige bzw. diejenige, der/die den Text entwirft
der Art Director	= der Grafiker/die Grafikerin, der/die das Bild entwirft
der Layouter	= derjenige bzw. diejenige, der/die den Bildentwurf optisch umsetzt
die Media-Abteilung	= die Abteilung in der Werbeagentur, die herausfinden muß, welche Medien für die Werbung am preisgünstigsten sind
der Werbeträger	= Kommunikationsmittel, das die Werbebotschaft an die Umworbenen heranträgt, z.B. Zeitung, Plakatsäule, Fernsehen

● Kennen Sie noch andere Werbeträger?

das Werbemittel	= alle Hilfsmittel der Werbung, die mittels Ton oder Bild oder beidem auf die Umworbenen einwirken, z.B. Anzeige, Plakat, Werbespot

● Kennen Sie noch andere Werbemittel?

der Spot	= Werbeeinschaltung im Fernsehen, Rundfunk oder Kino
das Storyboard	= Entwurfsskizze für einen TV-Spot; die wichtigsten Phasen des Spots werden hintereinander in kleine Bildschirmrahmen gezeichnet, so daß man den Ablauf wie einen Comic liest
das Schalten	= Die Veröffentlichung oder das Einsetzen einer Anzeige (z.B. „Wir schalten diese Werbung einmal wöchentlich.")

Projekt

Aufgabe

Ziel dieses Projekts ist es, daß Sie auf der Grundlage der von Ihnen erarbeiteten Ergebnisse eine Werbeanzeige erstellen.

Hierbei wollen wir versuchen, den Vorgang so realistisch wie möglich zu gestalten, indem wir uns an die im Artikel „Wie Werbung abläuft" beschriebenen Details halten.

1. Schritt: Erstellen Sie bitte gemeinsam das Briefing.
Hierfür sollten Sie die Arbeitsergebnisse aus der Lektion 9: *Marktforschung und Produktpolitik* verwenden.
Für den zur Verfügung stehenden Werbeetat können Sie eine beliebige Summe erfinden.

Die schriftliche Formulierung des Briefings können Sie als Hausaufgabe durchführen.

2. Schritt: Nachdem diese wichtige Vorarbeit geleistet worden ist, wird die Gruppe in Gestaltungsteams, bestehend aus je drei Leuten, aufgeteilt. Der Rest der Gruppe bildet die Jury. Die Hauptaufgabe der Gestaltungsteams liegt darin, eine Werbeidee als Werbeanzeige so gut umzusetzen, daß ihr Entwurf von dem Unternehmen, das den Werbeauftrag vergeben will, ausgewählt wird.
Abweichend von dem Artikel über den Ablauf von Werbung sollten Sie außerdem noch Empfehlungen darüber abgeben, welche Werbeträger benutzt werden sollten, und wie häufig die Anzeige geschaltet werden sollte.

3. Schritt: Wenn jedes Gestaltungsteam seinen Werbeanzeigenentwurf und weitere Empfehlungen fertiggestellt hat, trägt jedes Team vor der Jury seine gut begründeten Ideen vor.
Der beste Entwurf gewinnt.

Exportmarketing

In den letzten zwei Lektionen haben Sie sich mit den Problemen und Strategien der Marktforschung, der Produktpolitik und der Werbung beschäftigt. Wenn man seine Produkte auf dem ausländischen Markt absetzen will, treten weitere Probleme auf, und man muß exportorientierte Strategien entwickeln, um sie zu lösen. In dieser Lektion werden Sie diese Probleme sowie mögliche Lösungen erarbeiten. Lesen Sie diesen Text, der das grundlegende Problem des Exportmarketings darstellt.

Jeder Auslandsmarkt hat seine Eigenheiten. Es gibt wesentliche Marktunterschiede zwischen hoch entwickelten Industrieländern und vielen mittel- und südamerikanischen, afrikanischen und asiatischen Staaten mit Monokultur. Die Länder haben verschiedene Gesellschaftssysteme, verschiedene Wirtschaftsformen. Die Bewohner unterscheiden sich voneinander durch ihre Sprache, durch Lebensstil und Gewohnheiten, durch ihre Mentalität und durch ihre verschiedenartige Denk- und Handlungsweise. Sie haben eine differenzierte Leistungsbereitschaft und auch verschiedene Möglichkeiten, ihre Einstellung zur Leistung unter Beweis zu stellen.

Zum Textverständnis

Aufgaben

- *Versuchen Sie, den letzten Satz des obigen Textes umzuformulieren, indem Sie auf die Wörter* Leistung *oder* leisten *verzichten.*

- *Welche Marktunterschiede könnten zwischen Industrieländern und Entwicklungsländern bestehen?*

- *Welche kulturellen Unterschiede können Sie zwischen Ihrem Land und der BRD feststellen? Achten Sie auf die folgenden Stichwörter, die in dem Text vorkommen:*
  - *Sprache*
  - *Lebensstil*
  - *Gewohnheiten*
  - *Mentalität*
  - *Denk- und Handlungsweise*

- *Inwieweit können diese kulturellen Unterschiede Ihrer Meinung nach das* Verbraucherverhalten *beeinflussen? Bilden Sie fünf Gruppen, um eine Antwort auf diese Frage zu finden. Jede Gruppe wählt eines der folgenden Länder:*
  - *USA*
  - *Saudi-Arabien*
  - *Indien*
  - *Mexiko*
  - *Bundesrepublik Deutschland*

- *Diskutieren Sie in Ihrer Gruppe, wie sich die Verbraucher in Ihrem Land wohl verhalten würden, wenn ihnen folgende Produkte auf dem Markt angeboten würden:*
  - *Französische Kosmetika für Frauen*
  - *Schottischer Whisky*
  - *Japanischer Sake*
  - *Pop-Schallplatten aus Großbritannien*
  - *Pelzmäntel aus der UdSSR*
  - *Personal-Computer aus der Bundesrepublik*
  - *Japanische Sportautos*
  - *Mozartkugeln aus Österreich*

  Vergleichen Sie dann Ihre Ergebnisse in der Gesamtgruppe.

Sie haben sicherlich festgestellt, daß teilweise gravierende Unterschiede im Verbraucherverhalten von kulturellen Unterschieden bestimmt werden. Das ist ein Problem, das die Länder der EG in den neunziger Jahren sehr beschäftigt.

Lesen Sie dazu die Ansichten des Unternehmensberaters Dr. Bolko von Oetinger und des Unternehmers Dr. Gerhard Rüschen, die auf einem Frankfurter *Binnenmarkt-Forum* referierten:

MARKETING / „Binnenmarkt-Forum" diskutierte Produktstrategien für Europa 1992

Globale Marktrezepte nicht gefragt

HANDELSBLATT, Dienstag, 24.1.1989

uf DÜSSELDORF. Die deutschen Manager werden auf stärkere Kundenorientierung als bisher setzen müssen, um im schrankenlosen Europamarkt zu bestehen. Die wichtigste Frage der Produktstrategen lautet jetzt: Gibt es den europäischen Verbraucher?

Unternehmensberater Dr. Bolko von Oetinger warnte auf dem Frankfurter „Binnenmarkt-Forum" vor Euro-Nationalismus: „Europa 1992 ist ein notwendiger Zwischenschritt, um in dem sehr viel bedeutenderen globalen Wettbewerb mit den USA, Japan und den aufsteigenden Ländern in der Pazifikregion bestehen zu können", machte der Chef der Boston Consulting Group auf der Veranstaltung klar, zu der die Werbeagentur McCann-Erickson geladen hatte.

Für den Globalstrategen von Oetinger sind durchaus europaweite Marketingstrategien denkbar, mit denen deutsche Unternehmen neue Märkte in Italien, Frankreich oder England erschließen können, denn: „Die segmentspezifischen Gemeinsamkeiten der verschiedenen europäischen Kundentypen sind größer als die Sprach- und Kulturbarrieren".

Anders sieht das der Chef der deutschen Nestlé, Dr. Gerhard Rüschen, der ebenfalls in Frankfurt referierte: „Es gibt keine Entwicklung der gesamten EG-Bevölkerung zum Typ des Ein-

heitseuropäers." Nach wie vor bestünden kulturell bedingte „Unterschiede in Mentalität, Bedürfnis und Verhaltensweise", so Rüschen, und die bestimmten „noch sehr stark" die Ge- und Verbrauchsgewohnheiten in den einzelnen europäischen Ländern. Daran werde auch der Wegfall von Handelsschranken nichts ändern.

Daß der kommende Europäische Binnenmarkt bereits jetzt „unternehmensinterne Maßnahmen anregen oder beschleunigen müsse, um deutsche Anbieter auf Auslandsmärkten schlagkräftiger zu machen, stand für die Referenten des Forums außer Frage. Offen blieb jedoch, ob die geforderte Kundenorientierung auch zu einer Standardisierung der Marketingstrategien bei Vertrieb, Service oder Werbung führen müsse, wenn gleiches Verbraucherverhalten in den europäischen Ländern unterstellt wird.

Vergeblich hätten die Marktstrategen bisher versucht, den „Konsumenten in den Griff zu bekommen", stellte Professor Dr. Ulrich Steger in Frankfurt fest. Neue Marketingkonzeptionen wie „Turbomarketing" oder „total integrierte Marketingkommunikation" wertete der Wissenschaftler daher auch als „Ausdruck für die zum Teil verzweifelten Anpassungsversuche an die soziale Dynamik des Verbraucherverhaltens".

Einheitsverbraucher hätten in der Bundesrepublik ohnehin nie existiert,

und sie würden demnach schon gar nicht auf europäischer Ebene zu finden sein. Statt dessen skizzierte Steger einige „Verhaltens-Trends von Wohlstandsgesellschaften", die sich nach dem Wegfall von Ländergrenzen auch innerhalb der EG fortsetzen könnten.

Marketingexperten sprechen von „ambivalentem Verbraucherverhalten", wenn Produkte beispielsweise Ansprüche auf Prestigegewinn erfüllen, dabei aber auch der Forderung nach Umweltverträglichkeit nachkommen sollen. Anbieter sehen sich einer „Pluralität von wechselnden Lebensstilen der Konsumenten" gegenüber, wobei zudem stetig steigende Einkommen die „Wahlfreiheit beim Konsum" erhöhen (Steger).

Daneben könnten aber auch mehr Freizeit und eine „aktive Altersphase" zu Bedarfsverschiebungen führen, die Hersteller von Produkten und Dienstleistungen zu berücksichtigen haben. Die zunehmende Ausweitung der Angebots- und Informationsvielfalt, so Steger, verlangt jedoch nach einer „Reduktion von Komplexität". Konsequenz: Der Trend zur Markenorientierung nimmt zu.

Für deutsche Manager ist eine starke Kundenorientierung fast schon zwingend. Steger rät zu einer „Neusegmentierung der Absatzfelder", indem die Angebotspalette in zielgruppenorientierte Produkte im EG-Binnenmarkt, aber auch in lokale und internationale Produkte unterschieden wird.

Zur Diskussion

Wer hat Ihrer Meinung nach Recht: Dr. Bolko von Oetinger oder Dr. Gerhard Rüschen? Begründen Sie Ihre Antwort.

Lesen Sie nun den folgenden Text, der auf die Frage der kulturellen Unterschiede innerhalb Europas näher eingeht. Es handelt sich um ein Gespräch mit dem Vorsitzenden der Deutschen Unilever GmbH, Jürgen Schrader, das in der Wirtschaftszeitung *Handelsblatt* erschien.

„Versuchen Sie doch 'mal, ein Waschmittel für einen gesamt-europäischen Markt anzubieten, wenn beispielsweise in den Nord-Ländern ausschließlich maschinell und in Süditalien noch per Hand gewaschen wird", nennt Schrader als Beispiel, „ein Flop dieses Europroduktes wäre jetzt schon sicher". Gebrauchsgüter wie Automobile hingegen wären im Hinblick auf Werbemaßnahmen, die vornehmlich das Markenimage transferieren sollen, für eine europaweite Vermarktung sehr viel besser geeignet.

Ungeachtet solcher „Marketing-Barrieren", die selbst 1992 kaum beseitigt sein werden, würden zudem die Statistiken, die Marktforschungsinstitute zur Zeit liefern, kaum als Grundlage für eine binnenmarktorientierte Strategie aus-

reichen. „Es gibt derzeit keine Daten, die den europäischen Verbrauchermarkt hinreichend quantifizieren oder qualifizieren", bemängelt der Unilever-Chef. Dabei bestehe bei Markenartiklern und Werbeagenturen hoher Bedarf, das gewaltige Konsumpotential – hinsichtlich Haushaltsgrößen oder Einkommensklassen – überschaubarer zu machen.

Und an europaweite Verbrauchertypologien, wie sie in einzelnen Ländern anhand psychografischer Kriterien (Einstellungen oder Kaufverhalten) ja bereits laufend erstellt werden, sei auch „in absehbarer Zeit nicht zu denken", gibt sich der Unilever-Chef skeptisch und fordert: „Eine europaweite Initiative der Marktforscher steht längst aus".

Aber selbst wenn sich die

Konsumenten in den zwölf EG-Staaten durch geeignetes Datenmaterial auf den „kleinsten gemeinsamen Nenner" bringen ließen, würden ähnliche Ziele in bezug auf die Kommunikation wenig sinnvoll erscheinen. „Denn nach wie vor", betont Marktstratege Schrader, „bleiben die Binneneuropäer mehrsprachig".

Viele Unternehmen werden also auch weiterhin auf nationale Werbekampagnen oder Verkaufsförderungsmaßnahmen setzen. „Es ist doch naiv zu glauben, daß ein englischer Werbespot schlagartig ab 1992 in den übrigen EG-Ländern akzeptiert wird, wenn das schon nicht vorher passieren konnte, weil etwa der Geschmack des Publikums nicht getroffen wurde", so Schrader.

Fragen und Aufgaben

- *Nennen Sie die Faktoren, die europaweiten Werbekampagnen oder Verkaufsförderungsmaßnahmen im Wege stehen.*

- *Welche Produkte eignen sich für eine europaweite Vermarktung? Warum?*

- *Was müßte man machen, um eine binnenmarktorientierte Strategie der Marktforschung vorzubereiten?*

Schriftliche Aufgabe

Verfassen Sie einen kurzen Bericht über die kulturellen Gesichtspunkte, die man beachten muß, wenn man ein Produkt auf den internationalen Markt bringen will!

Es gibt auch eine Reihe von Handelsbarrieren, die nicht primär kulturbedingt sind. Lesen Sie dazu den folgenden Text:

Für den Exporteur sind zunächst die vom Importland festgelegten gesetzlichen Einfuhrbestimmungen von erstrangiger Bedeutung, insbesondere etwaige Einfuhrbeschränkungen, die eine Ausfuhr von vornherein illusorisch machen. Wichtig ist ferner die Belastung durch den Zoll, wobei wiederum das Zollsystem und die richtige Tarifierung eine Rolle spielen. Die Zollbestimmungen können aber auch Ursache einer Verlegung der Produktion ins Ausland sein, zur Kooperation, Lizenzvergabe usw. führen. Vielfach kann erst durch solche legitime Maßnahmen der Markt für bestimmte Exportgüter erschlossen werden.

In allen Ländern gibt es verschiedene veterinärpolizeiliche und andere Schutzbedingungen (Pflanzen), transport- und verpackungsmäßige Vorschriften, Kennzeichnungspflicht bei verschiedenen Produkten, urheberrechtlichen Schutz bereits im Import vorhandener ähnlicher Fabrikate. Kartellregelungen können den deutschen Exporteur vor unerwartete Absatzschwierigkeiten stellen.

Aufgaben und Fragen

- *Finden Sie Synonyme für folgende Wörter:*
  - *die Ausfuhr*
  - *die Einfuhr*
  - *die Produktion*
  - *den Markt erschließen*
  - *das Fabrikat*

- *Warum könnte es von Vorteil sein, die Produktion ins Ausland zu verlegen?*

- *Machen Sie nun eine Liste der praktischen Probleme, die diesem Text zufolge beim Exportmarketing auftauchen können.*

Lesen Sie hierzu noch die folgenden Stichwörter, die sich auf häufig begangene Fehler beziehen.

STOLPERSTEINE, DIE SCHON MANCHEM UNTERNEHMEN ZUM ÄRGERNIS WURDEN

1 Überschätzung der heimischen Stärken auf fremdem Boden
2 Unterschätzung des Aufwandes an Zeit, Personal, Know-how und Geld für ein Auslandsengagement
3 Keine ausreichende Prüfung der Tragfähigkeit des neuen Marktes
4 Sichverlassen auf punktuelle Informationen, Zufallskontakte und -bekanntschaften
5 Mangelhafte Kenntnis der Absatzkanäle
6 Unterschätzen der Bürokratie im fremden Land
7 Zusammengehen mit einem falschen Partner
8 Fehleinschätzung der unterschiedlichen Mentalitäten
9 Überdimensionierung des Apparates in der Anfangsphase und damit hohe Anlaufkosten
10 Falsche Standortentscheidung aufgrund von staatlichen Förderungsmaßnahmen
11 Auswahl des falschen Personals vor Ort
12 Mangelhafte Koordination und Organisation im Mutterhaus

Gruppenarbeit

1. Schritt   Bilden Sie drei Gruppen. Gruppe I übernimmt die Stolpersteine 1–4, Gruppe II die Stolpersteine 5–8, Gruppe III die Stolpersteine 9–12.

2. Schritt   Jede Gruppe diskutiert, wie man diese Stolpersteine vermeiden könnte, bevor sie zum Verhängnis werden.

3. Schritt   Entwickeln Sie dann in der Gesamtgruppe eine Strategie für die *erfolgreiche* Planung einer Verkaufskampagne im Exportbereich.

Schriftliche Aufgabe

Schreiben Sie anhand der obigen Stichwörter ein kleines Merkblatt für Unternehmen, die zum ersten Mal ins Auslandsgeschäft einsteigen wollen!

Jetzt haben Sie sowohl die *kulturell bedingten* als auch die *praktischen* Probleme erarbeitet, die beim Exportmarketing auftauchen können, und mögliche Lösungen für diese Probleme vorgeschlagen.
Setzen Sie nun Ihre Kenntnisse ein, um die folgenden Fälle zu analysieren.

Gruppenarbeit

Teilen Sie sich in drei Gruppen auf. Jede Gruppe nimmt einen der Texte und stellt fest, welche *Fehler* von den Exporteuren gemacht wurden, und welche *erfolgreichen Taktiken und Strategien* sie eingesetzt haben. Die folgenden Fragen zu den Texten sollen Ihnen dabei behilflich sein.

Gruppe I nimmt *Text A* und sucht Antworten auf folgende Fragen:

- *Wie hofft Graf Matuschka-Greiffenclau, den japanischen Markt zu erobern?*
- *Welche Hürden muß der deutsche Weinexport überwinden?*
- *Welche Vorteile haben konkurrierende Weinexportländer wie Italien, Spanien, Frankreich und die USA gegenüber der Bundesrepublik?*

Gruppe II nimmt *Text B* und sucht Antworten auf folgende Fragen:

- *Welche Fehler haben Hondas Export-Manager anfangs und auch im Jahre 1982 begangen? Über welche der obengenannten „Stolpersteine" sind sie gefallen?*
- *Wie hätten sie Ihrer Meinung nach diese Fehler vermeiden können?*
- *Welche Strategien haben Honda-Manager eingesetzt, um sich auf dem Weltmarkt zu behaupten?*
- *Welche Einstellung hat Honda zum Verbraucher?*

Gruppe III nimmt *Text C* und sucht Antworten auf folgende Fragen:

- *Welche Rolle spielte die Erfahrung im Heimatland für Valserwassers Bearbeitung des deutschen Marktes?*
- *Welche Vorteile bot der deutsche Markt?*
- *Welche Hindernisse mußten abgebaut werden?*
- *Welche Taktiken und Strategien setzte Valserwasser ein, um den Einstieg in den deutschen Markt zu ermöglichen und den Marktanteil auszubauen?*

Jede Gruppe erklärt dann der Gesamtgruppe, warum die Versuche der verschiedenen Exporteure, den ausländischen Markt zu erschließen, erfolgreich bzw. mangelhaft waren.

Text A

WEIN

Geschäft verbaut

Die deutschen Winzer wollen mehr exportieren, sie setzen vor allem auf die trinkfreudigen Japaner.

Keizo Saji, 68, schätzt die schönen Seiten des Lebens, die Kunst ebenso wie gutes Essen und Golf. Der Chef des Getränkekonzerns Suntory, schillerndste Figur unter Japans Unternehmern, ist großzügiger Mäzen und Künstler zugleich. Wenn er singt, begleitet ihn ein philharmonisches Orchester.

Vor allem aber liebt Saji den Wein. Zwei Bücher hat er bereits darüber geschrieben. In Frankreich und in Kalifornien kauft er Weingüter auf.

Jetzt ist der „Renaissance-Fürst", wie das US-Magazin „Fortune" den Japaner titulierte, auch in Deutschland fündig geworden, im Rheingau, wo ein edler Riesling wächst. Dort hat Suntory das Weingut Dr. Robert Weil erstanden, und dabei soll es nicht bleiben.

Doch von einem Ausverkauf des deutschen Weins ist im Rheingau nirgendwo die Rede. Ganz im Gegenteil: Die Winzer hoffen auf die Japaner. Ihr Einstieg im Rheingau, so meint Gutsbesitzer Erwein Graf Matuschka-Greiffenclau, könne den deutschen Weinen die Tür zum japanischen Markt öffnen.

Der Graf, dem mit Schloß Vollrads eines der Renommiergüter der Region gehört, liefert schon seit Anfang der achtziger Jahre Wein an Suntory. Als er hörte, daß der Getränkekonzern auch ein Auge auf deutsche Weingüter geworfen habe, bot er seine Hilfe an.

Mit Suntory gründete Graf Matuschka ein Gemeinschaftsunternehmen. Zweck der Firma: der Erwerb von Weingütern. Suntory erkauft sich damit nicht nur den Zugriff auf beste Weinlagen. Die Firma verschafft sich zu Hause auch die Kompetenz des Kenners.

Noch lebt der Getränkeriese, Umsatz rund zehn Milliarden Mark, vor allem vom Whisky und vom Bier. Das Geschäft mit Wein nimmt sich dagegen bescheiden aus. Die Japaner trinken durchschnittlich nur 0,7 Liter, also eine Flasche, pro Jahr. Doch der „Zwergenmarkt" (Matuschka) expandiert beträchtlich, im vergangenen Jahr wuchs er um 26 Prozent.

Die Ausländer profitierten davon besonders. Französische Weine stehen in

Wein-Exporteur Graf Matuschka: Tür zum japanischen Markt

der Gunst noch ganz oben, fallen aber zurück, die deutschen Weine holen auf. Der Wein-Import aus der Bundesrepublik nahm im vergangenen Jahr überdurchschnittlich zu, um 115 Prozent.

Solche Nachrichten aus der Ferne hören die deutschen Winzer gern – aber selten. Noch immer leidet der deutsche Wein-Export unter dem Glykol-Skandal. Der alte Höchststand von 1984 (2,9 Millionen Hektoliter Weißwein) wurde auch im vergangenen Jahr noch nicht wieder erreicht.

Vor allem auf dem US-Markt läuft wenig. Der Preis ist – der Wechselkurse wegen – vielen Amerikanern derzeit zu hoch, und deutscher Riesling liegt auch geschmacklich nicht mehr im Trend. Die Amerikaner bevorzugen die Rebsorte Chardonnay – aus dem eigenen Anbau im sonnigen Kalifornien.

Die Briten dagegen sind in ihrer Liebe zum deutschen Rebensaft unübertroffen, sie nehmen über die Hälfte der Exporte ab. Ansonsten hat deutscher Wein in Europa kaum eine Chance: Die Konkurrenz aus Italien und Spanien bietet ihre Produkte nicht nur entschieden billiger an, sie vermarktet sie auch ungleich professioneller.

Noch immer wird in weiten Teilen der Welt deutscher Wein mit dem Billig-Verschnitt Liebfraumilch gleichgesetzt. Mit dem Pansch-Produkt lassen sich zwar

gute Geschäfte machen. Das Fusel-Image aber verbaut das Geschäft mit hochwertigen Sorten.

Der Rest der Misere ist strukturell bedingt und kaum zu beheben. Die deutschen Anbaugebiete sind in Tausende von Einzellagen aufgesplittert. Ein geschlossenes Auftreten, vergleichbar der südeuropäischen Konkurrenz, ist deshalb nicht möglich.

Mit billigen Massenweinen ist im „Zukunftsmarkt Asien" (Matuschka) ohnehin kein Geschäft zu machen. Der Graf setzt auf edle Tropfen, er will „mindestens gleichwertige Qualitätsbegriffe zu anderen EG-Ländern", etwa Weingut für Château, durchsetzen. Nur so könne „der Imagerückstand gegenüber Frankreich und anderen Ländern" abgebaut werden.

Die jüngsten Erfolge in Asien machen dem Grafen Mut. In Japan immerhin hat der deutsche Wein einen Marktanteil von 28,7 Prozent erreicht.

Doch schon auf dem dritten Platz folgen die Amerikaner, die binnen weniger Jahre 18 Prozent erreichten. Mit Werbebudget von 7,5 Millionen Mark wollen die kalifornischen Weinbauern diesen Erfolg weiter ausbauen.

Die Deutschen halten sich, wieder einmal, zurück. Für Werbung in Japan wollen sie gerade ein Zehntel des amerikanischen Etats ausgeben. ◆

Text B

AUTOMOBILE

Klarer Auftrag

Der Marktanteil ist noch bescheiden, doch mit einem sportlichen Image will sich Honda auch in Deutschland durchsetzen.

Anfangs machten peinliche Pannen Hondas Export-Managern zu schaffen. In Kanada sprang kaum ein Wagen an: Motoren und Elektrik waren nicht auf den kalten Winter eingestellt. In Deutschland standen Honda-Modelle unverkäuflich bei den Händlern – sie hatten eine knallrote Innenausstattung.

Darüber lachen die Honda-Leute inzwischen selbst. Sie haben, schneller als andere japanische Hersteller, aus ihren Fehlern gelernt. Daheim sind sie hinter Toyota und Nissan nur die Nummer drei. Beim Export jedoch führt Honda.

Auf den Weltmärkten ist Japans jüngster Autoproduzent – erst 1963 stellte der Motorradspezialist den ersten Pkw her – immer ein bißchen schneller und risikofreudiger als die Konkurrenten. Als erster Fernostproduzent baute Honda in den USA eigene Fabriken auf und verkauft dort mittlerweile mehr Wagen als der dreimal so große Konkurrent Toyota. In Europa liegt das Unternehmen in der Verkaufsstatistik zwar noch nicht vorn. Aber Honda hat es geschafft, sich mit einem besonderen Design von den Mitbewerbern abzuheben.

Für die übrigen japanischen Hersteller gilt hierzulande noch immer: Besondere Kennzeichen – keine. Ein Honda dagegen wird als sportlich eingestuft – in Formel-1-Rennen fahren sie schließlich allen davon. Während andere Wagen oft nur am Typenschild erkennbar sind, fallen die Hondas (Jazz, Civic, Accord und Prelude) schon durch ihr Äußeres auf, vor allem die gerade und flach heruntergezogene Schnauze.

So will Honda in Europa nicht nur kleine und billige, sondern auch größere Autos mit gutem Gewinn verkaufen. Für Daimler-Benz, BMW und Audi steht denn auch fest: Wenn ein Hersteller aus Fernost in die automobile Oberklasse vordringt, dann wird es Honda sein.

In den USA ist das schon gelungen. Wie die US-Konzerne gründete Honda eine eigene Absatzorganisation (Acura) für seine Luxusmodelle. In deren Schauräumen, stets einige Meilen vom nächsten gewöhnlichen Honda-Händler entfernt, werden die Modelle Legend und Integra angeboten. Bis 1990 will Honda jährlich gut 200 000 dieser Mittel- und Oberklassewagen in den USA verkaufen – mehr als Daimler-Benz und BMW zusammen.

Vor zwei Jahren hat Honda American Motors überholt und wurde viertgrößter Autoproduzent in den USA. „In vier Jahren", prophezeit Hondas Nordamerika-Chef Tetsuo Chino, „werde ich Chrysler schlagen." Er will noch ein zweites Werk in Ohio errichten. Dann könnte Honda in den USA jährlich 700 000 Fahrzeuge herstellen.

Hondas Stärke in den USA entspringt letztlich einer Schwäche in Japan. Als bei Honda die ersten Wagen vom Band liefen, hatten die übrigen Hersteller den japanischen Markt schon fest im Griff. Der Neuling konnte zwar noch Mitsubishi, Subaru, Isuzu und Mazda überholen, an Toyota und Nissan reichte er aber nicht heran. Honda mußte sich, um weiter wachsen zu können, stärker auf den Export konzentrieren.

Firmengründer Soichiro Honda, ein Selfmade-Mann, der als Ungelernter in einer Reparaturwerkstatt anfing, scheute nicht davor zurück, mit überholten Führungspraktiken Schluß zu machen. Bei japanischen Konzernen rücken Manager oft erst in Spitzenpositionen auf, wenn sie 60 Jahre alt sind. Honda-Chefs sollen dann schon zurücktreten.

Während sonst Harmoniestreben als oberste Maxime gilt, ist bei Honda Kritik nicht verpönt. Präsident Tadashi Kume hat seinen Managern gesagt, „wenn der Vorgesetzte behauptet, eine Krähe sei weiß, müßt ihr widersprechen: Sie ist schwarz".

Nun will Honda auch in Europa mit eigener Produktion Marktanteile erobern, ohne sich von Importhürden bremsen zu lassen: In England wird gemeinsam mit Rover der Oberklassewagen Legend hergestellt. Auf die britische Fertigungsqualität, die nicht gerade die besten Ruf genießt, verlassen sich die Japaner dabei nicht. Sie haben im britischen Swindon für 40 Millionen Mark ein Auslieferungszentrum gebaut, in dem die Wagen noch einmal gründlich geprüft werden.

Doch so schnell wie in der Formel 1 und in den USA kommen die Honda-Leute in Europa – und vor allem in Deutschland – nicht voran.

Die Zentrale in Offenbach wurde ausgebaut, als wollte Honda allein zehn Prozent Marktanteil erobern. Tatsächlich aber waren die Modelle nur schwer verkäuflich. Honda verlor 1982 in der Bundesrepublik fast 60 Millionen Mark.

Ein neuer Manager wurde nach Offenbach geschickt, Takeo Okusa, der einen klaren Auftrag hatte: „Ich sollte in kürzester Zeit die Profitsituation verbessern." Okusa strich als erstes 50 Leute von den Gehaltslisten, die Zahl der Händler wurde von über 600 auf 450 reduziert.

Seitdem versucht Honda, sich als BMW unter den Japanern zu etablieren. Die Rennerfolge von Nigel Mansell und Nelson Piquet auf den Formel-1-Wagen werden stets herausgestrichen. Kaum eine Honda-Werbung kommt ohne das Bild eines Rennwagens aus.

Doch Erfolge in Detroit oder Monza allein heben noch nicht den Umsatz. Honda muß in Deutschland noch mehr auf den Geschmack der Kunden eingehen. Wie in den USA bauen die Japaner deshalb auch hier eine eigene Forschungs- und Entwicklungsmannschaft auf. Die soll schon bei der Entwicklung eines neuen Modells den Japanern melden, was in Europa gefragt ist.

Bislang bekamen die Europa-Manager die fertigen Wagen aus Japan und konnten dann allenfalls ein paar Sonderwünsche anmelden. An wesentlichen Details war nichts mehr zu ändern. Die Fahrwerke etwa waren für japanische und amerikanische Straßen ausgelegt, nicht für deutsche – in Japan und in den USA gilt Tempolimit.

Text C

Die Valserwasser-Story Von Rolf Büchi

Wie kommt ein Schweizer Mineralwasser auf den deutschen Markt? Die Frage läßt sich auch anders stellen. Wie findet ein Ausländer Zugang zu einem praktisch gesättigten Markt? Die Antwort ist einfach: durch die konsequente Anwendung der Markentechnik (Domizlaff). Unter Markentechnik verstehen allerdings nicht alle das gleiche. Die Bezeichnungen „Markenartikel" und „Markentechnik" werden oft im falschen Zusammenhang verwendet. Sie werden verwässert, genauso wie die Bezeichnungen „Freund" oder „Sekretärin". Aber zurück zur Valserwasser-Story, besser noch, zu deren Beginn.

Geologische Funde lassen darauf schließen, daß die Valser St.-Peters-Quelle bereits vor etwa 3000 Jahren von keltischen Siedlern entdeckt und genutzt wurde. Kommerziell aber wird sie erst seit 1961 genutzt. Die abgelegene, periphere Lage auf 1257 m in einem Bündner Hochtal machte die Quelle wenig attraktiv, und es brauchte viel Mut, dort Geld zu investieren.

1961 wußten 90% der Schweizer nicht einmal, daß es in ihrem Land eine Ortschaft namens Vals gab. Der Mineralwasser-Markt in der Schweiz war mehr als gesättigt, alle 17 bestehenden Schweizer Mineralwasserproduzenten beklagten Überkapazitäten. Vals war Nr. 18 und begann bei Null. Neben den einheimischen Wässern fand man natürlich auch die bekanntesten ausländischen Namen auf dem Markt. Unsere Ausgangslage war also alles andere als gut, und jeder Fachmann bestätigte, daß die Schweiz kein weiteres Mineralwasser nötig hätte. Dessen war man sich bewußt.

Klar war auch, daß der normale Weg, die sogenannte „Push-Strategie", nicht verfolgt werden konnte. Kein Getränkefachgroßhändler oder Großverteiler wollte Verkaufsfläche für ein unbekanntes Produkt zur Verfügung stellen. Gegeben war auch, daß die periphere Lage der Quelle höhere Gewinnungs- und Verteilkosten verursachte.

Es blieb also nur die Möglichkeit, durch die Anwendung der „Pull-Strategie" Nachfrage zu schaffen und hochpreisig zu verkaufen. Dem kam die hohe und ausgewogene Mineralisation des Wassers entgegen. Die sprichwörtliche Reinheit der Quelle war damals schon nützlich, gewann aber in den letzten Jahren mehr und mehr an Bedeutung.

Man begann den mühsamen Weg mit dem Aufbau einer eigenen Heimdienst-Organisation. Da wir dem potentiellen Kunden kein unbekanntes Produkt verkaufen konnten, offerierten wir ihm den ersten Kasten gratis für eine unverbindliche Probe. Vier Wochen später besuchten wir den Kunden wieder und fragten nach einer Valser-Bestellung. Das System funktionierte, die Erfolgsquote betrug 75%. Warum dieser Erfolg? Weil alles paßte, wie bei einem gut funktionierenden Getriebe, bei dem alle Zahnräder schön ineinandergreifen. Produkt und Qualität stimmten. Valserwasser hatte als erstes Mineralwasser nicht viel, sondern wenig Kohlensäure. Dies entsprach vielen Kundenwünschen. Der neutrale Geschmack und die Wirkungen auf die Gesundheit taten das Ihre.

Heimdienst bot aber nicht nur Qualität, sondern auch Bequemlichkeit. Da man aus Kostengründen nicht auf Bestellung fahren konnte, besuchten wir unsere geworbenen Kunden automatisch alle vier Wochen. Der Kunde mußte sich um nichts kümmern. Wir kümmerten uns um ihn. Die Belieferung von Stammkunden ermöglichte einen weiteren Kundenvorteil, nämlich den Verzicht auf Pfanderhebung. Der Kundenvorteil wird aber auch zum Firmenvorteil, weil schneller, rationeller und fehlerfreier abgerechnet werden kann. Der Valser-Heimdienst steht also auf drei Beinen, nämlich

- Produkt, Qualität;
- automatischer Service, Bequemlichkeit;
- Pfandfreiheit, Rationalität.

Die Zahl der Heimdienst-Mitarbeiter stieg und damit die Zahl der Stammkunden, der Valser-Fans. Man redete über Valserwasser. In der Folge wurde es auch in den anderen Kanälen nachgefragt. Zuerst ohne Erfolg. Als die Nachfrage aber laufend stieg, verlangten Handel und Getränkefachgroßhandel auch nach Valserwasser. Später kamen dann noch die Großverteiler und Einkaufsgenossenschaften dazu. Der Kreis war geschlossen. Die 100%ige Distribution war erreicht. So schwer eine dichte Distribution zu erreichen ist, so nötig ist sie, will man über eine echte Marke verfügen.

Die gemachten guten Erfahrungen sollten auch verwertet werden. Wir wollten den deutschen Markt in gleicher, aber angepaßter Form bearbeiten. Süddeutschland war lange vor dessen Bearbeitung das „Wunschland" der Valser. Die Verhältnisse und die Mentalität sind ähnlich wie in der Schweiz. Viele kennen die Schweiz und haben Verwandte oder Freunde hier. Die Schweiz ist für viele ein Urlaubsland.

Die Ausgangslage war dieselbe wie 1961 in der Schweiz. Deutschland brauchte alles, nur kein weiteres Mineralwasser. Das Preisgefüge war arg zerzaust. Dumpingpreise gehörten zur Tagesordnung.

Die Valser-Politik war klar. Kein Verdrängungswettbewerb, keine kurzfristigen Erfolge. Langfristig sollte eine Marke aufgebaut werden. Die Zusammensetzung und die Wirkungen von Valserwasser ermöglichten die Registrierung als Heilwasser. Das signalisierte dem Verbraucher Qualität und Vertrauen und daß es sich nicht einfach um irgend einen „Sprudel" handelt.

Als nächster Schritt kam ein Akzeptanz- und Heimdienst-Test: Wie reagiert der deutsche Konsument auf uns, das Produkt und das System? Zusammen mit meinem Verkaufsleiter „spielte" ich Heimdienstfahrer. Wir bauten im Raum Wangen/Allgäu eine kleine Stammkundschaft auf und besuchten diese während längerer Zeit alle vier Wochen. Dies kostete mich drei Tage pro Monat. Die gesammelten Erfahrungen und die Kundenkontakte waren sehr wertvoll. Wir haben nicht nur von andern gehört, was die Kunden denken und wünschen, wir haben selbst Fronterfahrung gesammelt.

Atypisch war, daß wir zwei Jahre vor unserem Heimdiensttest einige wenige Direktbezieher in Süddeutschland hatten. Nachdem der erste Erfolg hatte, bekundeten weitere ihr Interesse.

Die Interessenten meldeten aber auch gleich ihre Wünsche an. Die Liste war lang und umfaßt alles Herkömmliche. Gebietsschutz, Alleinvertriebsrechte und Spezialaktionen. Auch Einführungsunterstützung wurde verlangt, welche allerdings mit dem ersten Teil des Wortes wenig zu tun hatte. Für eine Marke ist das nicht Dünger, sondern Gift.

Wir bleiben unserer Politik treu. Markentechnik heißt für uns Glaubwürdigkeit, Fairneß gegenüber allen Handelspartnern. Gleiche Margen für alle, vernünftige Endverkaufspreise (weder Tiefpreise noch Mondpreise). Jeder Kunde hört von uns das gleiche, und jeder wird gleich behandelt, weil eben jeder wichtig ist. Bevor wir aber einem neuen Kunden liefern, erfragen wir seine Wünsche und Absichten. Wir legen ihm unsere dar. Haben wir nicht die gleichen Ziele, verzichten wir auf eine Zusammenarbeit.

Wir erwarten von einem neuen Kunden, daß er Valserwasser nicht ins Sortiment aufnimmt, um einem bestehenden Direktbezieher Kunden wegzunehmen, sondern um durch die Bearbeitung seiner Abnehmer das Gesamtvolumen auszudehnen. Jeder soll sich an die Richtpreise halten. Theoretisch funktioniert das nicht, in der Praxis aber doch. Ich gebe gerne zu, daß die Durchsetzung nicht einfach ist. Es kostet viel Zeit und Arbeit. Es braucht aber gelebte und nicht geredete Konsequenz. Fast unbegreiflich ist, daß man oft Marketingleute und Unternehmer zwingen muß, Geld zu verdienen. Oft wird der Weg des geringsten Widerstandes gesucht, obwohl die Leute wissen, daß er ins Verderben führt.

Abschlußaufgabe

Stellen Sie sich vor, Sie sind Leiter(in) der neugeschaffenen Auslandsabteilung in einer Firma, die jetzt zum ersten Mal Schokolade* ins Ausland exportiert.

Halten Sie für die Mitarbeiter Ihrer Abteilung einen Vortrag, in dem Sie auf alle möglichen Chancen, Risiken und Stolpersteine hinweisen, die bei diesem Unterfangen auftauchen können. Verfassen Sie ein Merkblatt mit Stichwörtern, und verteilen Sie dieses unter den Zuhörern!

Die anderen Mitglieder der Gruppe spielen die kritischen Mitarbeiter, die nur darauf warten, Fragen zu stellen!

* Wenn Sie wollen, nehmen Sie ein anderes Produkt Ihrer Wahl.

Karriereplanung

Von unsichtbaren Stolpersteinen

JUNGE KARRIERE 1989. Es war einmal ein Hochschulabsolvent. Der wollte nun endlich in der Praxis anwenden, was ihn die Jahre an der Alma mater gelehrt hatten. Und eigentlich hatte er die allerbesten Voraussetzungen, sein Hochschulwissen sogar beim Unternehmen seiner Wahl unter Beweis zu stellen. Schließlich konnte er mit guten, an einer renommierten Universität und im richtigen Fach erworbenen Noten aufwarten, mit EDV-Zusatzwissen und sogar einem zweisemestrigen Auslandspraktikum.

Damit war es ein Leichtes, die erste — schriftliche — Bewerbungshürde mit Eleganz zu nehmen. Natürlich hatte er sich auch für das Vorstellungsgespräch gut präpariert: Den Geschäftsbericht und die aktuelle Tagesberichterstattung kannte er ebenso, wie er auf Fragen nach seinem besonderen Interesse für gerade diese Position in genau diesem Unternehmen eingerichtet war. Mit klassischem Outfit und dezentem Haarschnitt fühlte er sich auch äußerlich gut vorbereitet für das Gespräch mit dem Personalchef. Und wirklich. Alles klappte ganz hervorragend, so daß er nach dem Gespräch mit einem ausgesprochen guten Gefühl in seinen Wagen stieg.

Seinen Traumjob bekam er aber trotzdem nicht. Warum? Der enttäuschte Kandidat selbst erfuhr den wahren Grund nie. Er bekam den üblichen Brief mit dem bedauernden Hinweis auf eine schwierige Entscheidung, die leider zugunsten eines anderen Bewerbers ausgefallen sei.

Sie haben soeben keine amüsante Kurzgeschichte gelesen, sondern einen eher traurigen Fall aus dem Bereich Karrierestart.
Was meinen Sie? Wo könnte der Stolperstein für den jungen Bewerber gelegen haben?
Diskutieren Sie bitte diesen Fall in der Gesamtgruppe.
Haben Sie den Grund für die Ablehnung erraten?
(Die Lösung werden Sie im Laufe dieser Lektion erhalten.)

Damit Sie nach Beendigung Ihres Studiums bei Ihrer Arbeitsplatzsuche so wenig Frustrationserlebnisse wie möglich erleiden, haben wir in der letzten Lektion ein paar Themen zur Karriereplanung aufgegriffen.
Obwohl diese Themen auf die Situation des bundesdeutschen Berufseinsteigers zielen, werden Sie sicher feststellen, daß vieles auch für Ihre Situation von Wichtigkeit ist.
Das Verfassen von Bewerbungsschreiben und Lebenslauf, Informationen zum Ablauf von Vorstellungsgesprächen und besondere Testverfahren sollen Ihnen dabei helfen, daß der Start in die Arbeitswelt so wenig Stolpersteine wie möglich hat.

AUFBAU UND INHALT VON STELLENANZEIGEN

Stellen Sie sich vor, Sie haben Ihr Studium beendet und sind auf der Suche nach einer qualifizierten Berufsausbildung in der Bundesrepublik Deutschland.
Auf den Seiten 128, 129 und 130 sehen Sie drei Stellenangebote aus der wöchentlich erscheinenden Beilage zur *Wirtschafts Woche* und zum Handelsblatt *Karriere*.

Suchen Sie sich zusammen mit Ihrem Partner eine Anzeige aus und untersuchen Sie deren Aufbau und Inhalt und besprechen Sie, auf welche Punkte man bei der Bewerbung eingehen müßte.
Vergleichen Sie dann Ihre Ergebnisse mit denen Ihrer Kollegen und Kolleginnen und ergänzen Sie Ihre Notizen.

DIE BEWERBUNGSUNTERLAGEN

In den Anzeigen wird mal von *aussagefähiger Bewerbung*, mal von *Bewerbung mit den üblichen Unterlagen* und mal von *vollständigen Bewerbungsunterlagen* gesprochen.

- *Was ist in jedem Fall damit gemeint?*
- *Welche Punkte sollte man bei der Zusammenstellung der Bewerbungsunterlagen beachten?*

Diskutieren Sie bitte diese Fragen in der Gesamtgruppe.

Martin Brinkmann AG

WENN ... Sie nach Abschluß einer betriebswirtschaftlichen Ausbildung Interesse haben, nach der Theorie auch die Praxis kennenzulernen und

SCHON ... bei der Auswahl der Studienschwerpunkte Ihrer Neigung entsprechend Akzente auf die Fachrichtungen Handel/Absatz/Marketing gesetzt haben, so sind Sie die/der geeignete Bewerber(in) für eine Traineeausbildung in unserem Hause im Rahmen eines 18monatigen ausgewogenen Programmes. In direktem Kontakt mit unseren Kunden sowie in enger Zusammenarbeit mit den Marketing- und Vertriebsfunktionen unseres Hauses können Sie praxisbezogenes know-how für eine künftige Karriere im Marketing oder Vertrieb erlangen.

DENN ... als eines der großen, international orientierten Unternehmen der tabakverarbeitenden Industrie glauben wir, daß die Qualität unserer Produkte ebenso wie professionelles Marketing und überzeugender Verkauf zu den entscheidenden Erfolgsfaktoren gehören.

SCHON ... nach 12 Monaten stellen Sie mit uns gemeinsam die erste Weiche Ihrer weiteren Laufbahn. Je nachdem, in welche Richtung – Verkauf oder Marketing – Sie Ihre zukünftige Karriere in unserem Hause realisieren wollen, intensivieren wir die Ausbildungsaktivitäten.

INTERESSIERT?

DANN ... senden Sie bitte Ihre Bewerbung mit den üblichen Unterlagen

ZUR ... Martin Brinkmann AG
Personalleitung
Dötlinger Straße 3-10 · 2800 Bremen 1

 DUNHILL *International*   **PEER** EXPORT   *Rothmans* KING SIZE   *Cartier*

N O F R O N T I E R S

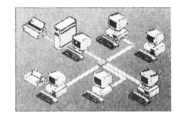

T R A I N E E - P R O G R A M M

No Frontiers – Keine Grenzen bei der Aus-
bildung/Fortbildung unserer Mitarbeiter; bei
der Bereitstellung von System-Integration
und Kommunikationslösungen; bei der
Stärkung unserer weltweiten Marktposition.
Die Olivetti-Technologien, die vielfältigen
Geschäftsaktivitäten und die Mitarbeiter erobern neues Terrain.

Teamarbeit in Verbindung mit hoher Sach-
kenntnis bei Informationssystemen bildet die
Voraussetzung, um auch in Zukunft überdurchschnittlich erfolgreich zu sein. Dieser
Anspruch wird durch eine klare Philosophie
bei der Personalführung verwirklicht:

Wir glauben an die vollständige Integration
bei größtmöglicher Wahrung individueller
Freiräume. Genau dies praktizieren wir auch
– und es funktioniert. Der Erfolg dieser Philosophie beruht auf unseren kontinuierlichen
Ausbildungsprogrammen.

Mit unserem Trainee-Programm wenden
wir uns an Absolventen der Fachrichtungen
Wirtschaftswissenschaft, Informatik und
Ingenieurwesen. Die bis zu zwölfmonatige
Ausbildung gliedert sich in Schulungsphasen

und strukturiertes Feldtraining. Es ist geplant, die Schulung zeitweise in unserem
internationalen Trainingszentrum in England
durchzuführen. Zur Erleichterung der Kommunikation – auch mit Trainees aus den unten
genannten Ländern – sollten Sie fließend
Englisch sprechen.

Mit der Teilnahme an unserem Trainee-
Programm tun Sie einen wichtigen Schritt in
Ihrer beruflichen Karriere, den Sie in einer
Position innerhalb des Software-Supports
beginnen werden. Ihr zukünftiger Einsatzort
wird unsere Zentrale in Frankfurt (Main)
oder eine unserer Geschäftsstellen im Bundesgebiet sein.

Das Programm beginnt im Juli 19   die Auswahl der Teilnehmer findet im März/April
statt.

Senden Sie bitte Ihre aussagefähige Bewerbung an:

TA OLIVETTI GMBH
PERSONALDIREKTION
LYONER STRASSE 34
6000 FRANKFURT AM MAIN 71

P E O P L E · B U S I N E S S · T E C H N O L O G Y

olivetti

AUSTRALIA · AUSTRIA · BELGIUM · CANADA · DENMARK · FINLAND · FRANCE · GERMANY · GREECE · HOLLAND
HONG KONG · JAPAN · NORWAY · PORTUGAL · SINGAPORE · SPAIN · SWITZERLAND · U.K.
THE OLIVETTI GROUP HAS SUBSIDIARIES IN 33 COUNTRIES AND AGENTS IN ANOTHER 140 COUNTRIES.

Gruppenarbeit

Hier sehen Sie die Bewerbungsunterlagen der fiktiven Person Michael Anonymus.

Michael Anonymus

4400 Münster, 04. Mai 1988
Niemandsweg 1
0251 / xxxx

An das
Päd. Institut
Postfach
6490 Schlüchtern

Betr.: Inserat in Berufs-WELT

Sehr geehrte Damen und Herren,
auf Ihre Anfrage beim für mich zuständigen Arbeitsamt – Fachvermittlungsdienst – in Münster nach den Bewerbungsunterlagen des Inserenten des o.g. Inserats erlaube ich mir wie folgt zu antworten:

Ich habe Interesse an einer Mitarbeit in Ihrem Hause und übersende Ihnen beiliegend meine diesbezüglichen Bewerbungsunterlagen.

Ihre Anforderungen an einen qualifizierten Sachbearbeiter kann ich auch als Berufsanfänger erfüllen. Beachten Sie die hierzu beigefügten Leistungs- und Kenntnisnachweise und Bescheinigungen.

Meine Praktika und meine Tätigkeit als studentische Hilfskraft an der Universität erfüllte ich stets zur vollen Zufriedenheit meiner Leiter.

Aufgrund meiner Flexibilität, Dynamik und Kooperationsbereitschaft bin ich für Sie der Richtige bei der Besetzung Ihrer angebotenen Position.

Gerne bin ich zu einem persönlichen Vorstellungsgespräch bereit.

In Erwartung Ihrer geschätzten Antwort

mit freundlichen Grüßen
Ihr

(M. Anonymus)

M. Anonymus, Niemandsweg 1,
4400 Münster, 4.5.88

Lebenslauf

Persönliche Daten:
geb. am 9.12.59 in
S./Schwarzwald
nicht verheiratet
römisch-katholisch
deutsch

1966–69	Grundschule in S.
1969–72	Gymnasium in S.
1973–78	Gymnasium in R. Abschluß Abitur
1978–80	Wehrdienst
1980–87	Studium der Betriebswirtschaftslehre in Münster Abschluß: Diplom
1982–87	Studentische Hilfskraft Münster
1983	2 Praktika

Besondere Kenntnisse:
Programmiersprachen, Textverarbeitung, Englisch, Französisch.

Kopien von Zeugnissen

Diplomurkunde der Fachhochschule, Gesamtnote „befriedigend", vom 30.09.87

Abiturzeugnis, Gesamtnote „1,4", vom 01.06.78

Praktikumsbescheinigungen
– Versicherungsunternehmen (6 Wochen)

– Einzelhandelsgeschäft (6 Wochen)

– Tätigkeit als studentische Hilfskraft (01.01.82 – 30.09.87 mit Unterbrechungen).

Teilen Sie jetzt Ihre Gruppe wie folgt ein:

● Die eine Gruppe versetzt sich in die Rolle eines Freundes des Michael Anonymus.
Er hat Ihnen seine Bewerbungsunterlagen zur Durchsicht gegeben, und Sie gebeten, auf inhaltliche, sprachliche und formale Mängel zu achten. Machen Sie sich bitte zusammen mit Ihrem Partner/Ihrer Partnerin Notizen, was Sie an den Bewerbungsunterlagen ändern würden.

● Die andere Gruppe versetzt sich in die Rolle des Personalleiters, der die Bewerbungsunterlagen des Michael Anonymus prüfen soll.
Notieren Sie sich zusammen mit Ihrem Partner/Ihrer Partnerin alle Punkte, die Ihnen bei der Durchsicht auffallen.
Sie entwickeln dabei für sich ein Bild des Bewerbers.

- *Welche Vermutungen über ihn haben Sie?*

- *Worauf begründen sich diese Vermutungen?*

- *Sind Ihre Vermutungen verläßlich oder benötigen Sie noch weitere Informationen?*

Wenn beide Gruppen Ihre Aufgaben fertiggestellt haben, sucht sich jeder einen Partner/eine Partnerin aus der anderen Gruppe.
Vergleichen Sie jetzt Ihre Ergebnisse untereinander.
Erstellen Sie eine Liste mit Tips für eine gute Gestaltung von Bewerbungsunterlagen.
Der Übersicht halber sollten Sie die Liste nach *Anschreiben, Lebenslauf* und *Zeugnisse* gliedern.
Zum Schluß besprechen Sie diese Tips gemeinsam, damit Sie Gelegenheit zur Ergänzung Ihrer eigenen Liste haben.

Nachfolgend sehen Sie zwei Anleitungen, wie man ein Bewerbungsschreiben und einen Lebenslauf verfaßt.
Ergänzen Sie die Lücken in den Beispielsätzen zum Bewerbungsschreiben durch eigene Formulierungen.

Das Bewerbungsschreiben – Gliederung

Gliederungspunkte	Beispiel	
	10°	50°
	[4 Leerzeilen]	
Absender/Datum	Inge Mallmann Hochstr. 1 5000 Köln 12	Köln, 19.5....
	[6 Leerzeilen]	
Empfänger	Maschinenfabrik Rühle & Schwenker GmbH Postfach 52035	
	[1 Leerzeile]	
	5000 Köln	
	[4 Leerzeilen]	
Betreff	Ihr Stellenangebot in der Stuttgarter Zeitung vom 10.5....	
	[2 Leerzeilen]	
Anrede	Sehr geehrte Damen und Herren,	

Bewerbung	hiermit bewerbe ich mich um das oben genannte Stellenangebot für die Position als ...
kurzer Tätigkeitsbericht	_____
	_____
besondere Fähigkeiten, Erfahrungen, Kenntnisse	_____
	_____
	_____
	_____
Grund der Bewerbung	... um ein größeres Aufgabengebiet zu übernehmen (falls Sie schon Arbeitserfahrungen haben) ... weil ich mich für das von Ihnen in Aussicht gestellte Aufgabengebiet interessiere.
	_____
	_____
möglicher Arbeitsbeginn	_____
Schlußformel	Sollten Sie an meiner Bewerbung interessiert sein, so würde ich mich über einen Termin für ein Vorstellungsgespräch sehr freuen.
	_____
	_____
Grußformel Unterschrift	Mit freundlichen Grüßen (Vor- und Zuname)

[*8 Leerzeilen*]

Bewerbungsunterlagen als Anlage	*Anlagen* Lebenslauf Zeugnisse Referenzen

▼

Erklärung: 10° = Grad 10

Lebenslauf in tabellarischer Form	
(ohne Gruß, ohne Anrede)	
Gliederungspunkte	Beispiel
Name:	Inge Mallmann
Geburtstag:	27.3.1965
Geburtsort:	Frankfurt a.M.
Schulbildung:	1972–1976 Grundschule Frankfurt–Niedereschbach
Berufsausbildung:	
Berufstätigkeit:	
Besondere Kenntnisse und Fertigkeiten:	

Köln, d. 19.5. . . .

Inge Mallmann.

Schriftliche Aufgabe

Suchen Sie sich bitte nun eine der drei abgedruckten Stellenanzeigen aus und schreiben Sie ein Bewerbungsschreiben und einen Lebenslauf. Es wäre gut, wenn Sie beides auf der Schreibmaschine schreiben würden, damit Sie sich auch in der formalen Gestaltung von Geschäftsbriefen üben können.

Nach Fertigstellung der Bewerbungsunterlagen (und der eventuellen Korrektur durch Ihre Dozentin/Ihren Dozenten) ordnen Sie diese bitte entsprechend den vorliegenden Stellenanzeigen.
Dann übernimmt jeweils eine Gruppe die Durchsicht der Bewerbungen auf Vollständigkeit und Inhalt.
Sortieren Sie die Bewerbungen aus, die Mängel aufweisen.
Zum Schluß stellt jede Gruppe dar, welche der Bewerbungen sie in die engere Wahl ziehen würde.
Gleichzeitig berichten Sie auch über die Mängel in den restlichen Bewerbungen.

DAS ZEUGNIS

Das Arbeitszeugnis gibt Auskunft über Art und Dauer der Tätigkeit, sowie über die Leistung und die Persönlichkeit des Arbeitnehmers/der Arbeitnehmerin.
Für Praktika, auch Auslandspraktika, die Sie während Ihres Studiums abgeleistet haben, sollten Sie sich immer ein Arbeitszeugnis ausstellen lassen, da Personalchefs bei der Beurteilung der Qualifikation eines Bewerbers/einer Bewerberin diesen Zeugnissen großen Wert beimessen.
Aber Vorsicht: da Arbeitgeber bei der Abfassung eines Zeugnisses sowohl wahrheitsgemäß Auskunft über die Leistungen und das Verhalten des Mitarbeiters/der Mitarbeiterin geben wollen als auch sein/ihr berufliches Fortkommen nicht erschweren dürfen, benutzen sie verschlüsselte Zeugnisformulierungen.

Nachfolgend finden Sie Beispiele für solche Spezialformulierungen:

Verschlüsselte Zeugnisaussage	Bedeutung
Er bemühte sich, den Anforderungen gerecht zu werden	Er hat versagt
Er hat versucht, die ihm gestellten Aufgaben zu lösen	Die Versuche verliefen ohne Erfolg
Er hatte Gelegenheit, alle lohnbuch-halterischen Arbeiten zu erledigen	Die Gelegenheit war zwar vorhanden, der Erfolg blieb jedoch aus
Er erledigte seine Aufgaben mit beachtlichem Interesse	Eifer war zwar vorhanden, die Ergebnisse enttäuschten jedoch
Er hat alle Arbeiten ordnungsgemäß erledigt	Er ist ein Bürokrat, der keine Eigeninitiative entwickelt
Er hat sich im Rahmen seiner Fähigkeiten eingesetzt	Er hat getan, was er konnte, aber das war nicht viel
Er zeigte für seine Arbeit Verständnis	Er war faul und hat nichts geleistet
Durch seine Geselligkeit trug er zur Verbesserung des Betriebsklimas bei	Er neigt zu übertriebenem Alkoholgenuß
Im Kollegenkreis galt er als toleranter Mitarbeiter	Für Vorgesetzte ist er ein schwerer Brocken

Wie solche Zeugnisse abgefaßt werden können, zeigen Ihnen die beiden folgenden Beispiele.
Vergleichen Sie zusammen mit Ihrem Partner die beiden Zeugnisse und versuchen Sie, die Ansatzpunkte für Lob und Kritik herauszufinden.

Beispiel 1

Zeugnis für eine Verkaufsleiterin der Kosmetik-Industrie

Frau Brigitte Neumann, geb. am 23.7.1949 in Hamburg, war vom 1.1.1979 bis zum 31.12.1986 Mitarbeiterin unseres Hauses.
Frau Neumann absolvierte vom 1.1.1979 bis 31.12.79 eine einjährige Traineeausbildung, in der sie sich detaillierte Kenntnisse unserer Verwaltungs- und Vertriebsabteilung (EDV, Organisation, Marketing, Vertrieb) aneignete. Schon in dieser Zeit bewies sie ihre kreativen und analytischen Fähigkeiten auf dem Gebiet Vertrieb und Marketing und qualifizierte sich für ihre folgende Tätigkeit. Zu Beginn des Jahres 1980 übernahm sie in voller Verantwortung als Verkaufsleiterin die Produktgruppe *Kosmetische Präparate für den Mann*, die direkt der Geschäftsleitung unterstellt war. In der Folgezeit bestätigte sich der hervorragende Eindruck, den wir in der Traineeausbildung von Frau Neumann gewonnen hatten.
Frau Neumann war als Verkaufsleiterin zuständig für die relativ neue Produktgruppe *Kosmetik für den Mann*. Unter ihrer Leitung kam es zu einer erheblichen umsatz- und deckungsbeitragsmäßigen Expansion eingeführter und etlicher neueingeführter Produkte. Sie überwachte und koordinierte das Werbebudget mit notwendigen Marktforschungsprojekten und sorgte für eine erfolgreiche Pressearbeit, durch die neue Zielgruppen angesprochen werden konnten. Die Schulung und Leitung des Außendienstes lag bei Frau Neumann in besten Händen.
All diese Aufgaben hat sie mit großem persönlichen Einsatz, Zielstrebigkeit und Dynamik ausgeführt. Ihre kreativen Ideen und ihr Gespür für entwicklungsfähige Märkte sorgten für eine Umsatzsteigerung von 80% in den letzten drei Jahren.
Frau Neumann setzte überdies neue Akzente im Aufgabenbereich des/der Verkaufsleiters/-leiterin durch ihre erfolgreiche Kontaktaufnahme und langfristigen Lieferverträge mit Parfümerieketten und Supermärkten. Nicht

nur bei Kunden, sondern auch bei den Mitarbeitern war Frau Neumann eine beliebte und loyale Partnerin.

Frau Neumann scheidet zum 31.12.1986 auf eigenen Wunsch aus unserem Hause aus, um eine größere Aufgabe zu übernehmen. Wir bedauern ihr Ausscheiden, freuen uns jedoch über ihren persönlichen Erfolg und wünschen ihr für die Zukunft alles Gute.

Beispiel 2

Zeugnis für einen Abteilungsleiter des Rechnungswesens eines großen Einrichtungshauses

Herr Thomas Merkel, geboren am 12.3.1947 in Offenbach, trat am 1.4.1984 als Leiter der Abteilung Rechnungswesen in unser Möbelhaus ein.

Sein Aufgabenbereich umfaßte neben der Betriebsabrechnung und der Kalkulation die innerbetriebliche Leistungsabrechnung der einzelnen Abteilungen. Zu Beginn seiner Tätigkeit wurde unter seiner Leitung die Umstellung auf EDV eingeführt. Aus organisatorischen Gründen wurde dieses Arbeitsgebiet ab dem 1.10.1984 einem anderen Verantwortungsbereich unterstellt.

Herr Merkel hatte während seiner Betriebszugehörigkeit die Gelegenheit, die Rechtsabteilung kennenzulernen.

Sein Aufgabengebiet war direkt der Geschäftsleitung unterstellt; es standen ihm fünf Sachbearbeiter zur Verfügung.

Wir haben Herrn Merkel als einen Menschen kennengelernt, dem Genauigkeit und Ordnungsliebe über alles ging. Er hat seine Ziele stets beharrlich verfolgt und sich bemüht, die ihn übertragenen Aufgaben zu unserer Zufriedenheit zu erledigen.

Herr Merkel verläßt uns zum 31.12.1988, um einen neuen Wirkungskreis zu übernehmen.

AUSWAHLVERFAHREN IM RAHMEN DER BEWERBERAUSLESE

Auf der nächsten Seite sehen Sie eine Übersicht über die in der Praxis üblichen Auswahlverfahren von Bewerberinnen und Bewerbern.

Welche von diesen Auswahlverfahren haben Sie schon mitgemacht? Berichten Sie in der Gruppe über Ihre Erfahrungen.

Mit einigen Auswahlverfahren werden Sie sicherlich erst am Ende Ihres Studiums konfrontiert werden.

Trotzdem sollten Sie vielleicht schon einmal mit Ihren Studienkollegen und -kolleginnen, die kurz vorm Abschlußexamen stehen, über deren Erfahrungen bei der Jobsuche sprechen.

Befragen Sie diese zu ihren Erfahrungen bei Vorstellungsgesprächen und anderen Testverfahren und geben Sie vor der Gesamtgruppe einen kurzen Bericht darüber.

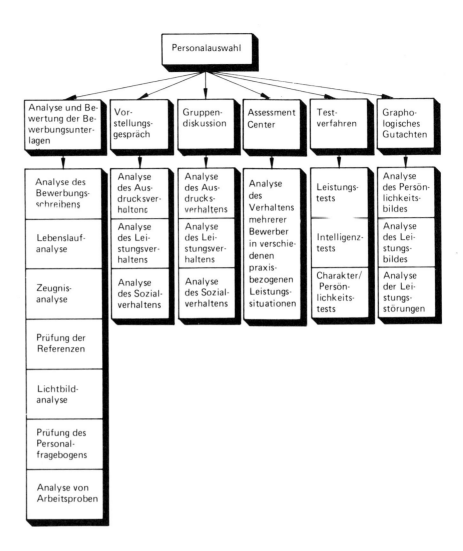

DAS VORSTELLUNGSGESPRÄCH

Wenn Sie die erste Hürde im Wettlauf um einen guten Arbeitsplatz überwunden haben, und das Unternehmen mit Ihren Unterlagen zufrieden war, werden Sie zu einem Vorstellungsgespräch eingeladen.
Es gibt unterschiedliche Arten der Vorbereitung auf ein solches Gespräch. Wie würden Sie sich vorbereiten? Machen Sie Vorschläge.

Personalchefs wollen im Vorstellungsgespräch persönliche und anforderungsbezogene Eignungsmerkmale der Bewerber und Bewerberinnen feststellen, z.B. Persönlichkeit, Leistungsmotivation, Anpassungsfähigkeit, aber auch Auftreten, Manieren und sprachliches Ausdrucksvermögen. Das Gespräch läuft in der Regel nach einem bestimmten Schema ab, und wenn man als Bewerber bzw. Bewerberin eine gute Figur machen will, dann erfordert das eine gute Vorbereitung auf das Interview.

Rollenspiel

Sie arbeiten nun mit den Bewerbungsunterlagen der Firmen Olivetti, Brinkmann und Bauer.
Bilden Sie für jedes der drei Unternehmen eine Gruppe, die sich aus Bewerbern/Bewerberinnen und Personalchefs zusammensetzt.
Es wäre sinnvoll, wenn sich dieselben Gruppenmitglieder wie in der Übung zum Bewerbungsschreiben und Lebenslauf auf Seite 134 wieder

zusammenfinden würden, da dann jeder auf seine Bewerbungsunterlagen
Bezug nehmen kann.

In jeder Gruppe übernehmen jeweils zwei Personen die Rolle der
Personalchefs, die die Aufgabe haben, mit *einem* Stellenbewerber/*einer*
Stellenbewerberin ein Vorstellungsgespräch zu führen.

Bevor das Vorstellungsgespräch von Ihnen allen als Rollenspiel
durchgeführt wird, sollen Sie mit den notwendigen Informationen
versorgt werden, damit Ihre Bewerbung um den Arbeitsplatz bzw. die
Durchführung Ihres Vorstellungsgesprächs erfolgreich verläuft.

INFORMATIONSBLATT FÜR ALLE ARBEITSPLATZBEWERBER/-BEWERBERINNEN

Hier sehen Sie den Aufbau eines Vorstellungsgesprächs, welches in der
Regel zehn Phasen umfaßt:

1. Begrüßung und Einleitung des Gesprächs
Small talk (Wetter, Anreise, Dank für Interesse) – Rauchen? (Vorsicht – hier beginnt schon die
Testphase: wenn Sie Raucher sind, Ihr Gegenüber auch raucht und Aschenbecher etc. vorhanden:
ja; wenn das nicht der Fall ist, besser ablehnen) – Kaffee – Angebote (ja) – Alkohol in jedem Fall
ablehnen.

2. Bewerbung
- Gründe für die Bewerbung
- Aus welchen Gründen wollen Sie den Arbeitsplatz wechseln?
- Weshalb wollen Sie Ihre jetzige Tätigkeit/Position aufgeben?
- Was reizt Sie an der neuen Aufgabe?
- Was erwarten Sie von der angebotenen Stelle?
- Was hat für Sie Priorität bei Ihrer Arbeit?

3. Bisherige berufliche Tätigkeit/Vorbildung
- Fragen zum Ausbildungsgang (Planung oder Zufall, Auf- oder Abstieg)
- Nennen Sie Essentials Ihrer bisherigen Tätigkeiten/Ausbildungsgänge?
- Fragen zu Gründen von möglichen Wechseln (Studium/Ort, Ausbildungsstätte, Arbeitgeber)
- Bewertung der Ausbildung
- Thema der Abschlußarbeit
- Wie würden Sie sich heute entscheiden, wenn Sie nochmals die Möglichkeit hätten, Ihre Aus-
  bildung zu planen? Was würden Sie anders machen?
- Aktuelle Weiterbildungsambitionen?
- Was waren bisher Ihre beruflichen Aufgaben?
- Schildern Sie Ihren typischen Arbeitstag
- Was zeichnet Ihrer Meinung nach einen guten . . . aus?
- Wie sind Sie zu Ihrer letzten Stelle gekommen?
- Welche Vor-/Nachteile sehen Sie für sich, in unserem Unternehmen zu arbeiten?
- Nennen Sie Ihre Stärken/Schwächen?
- Warum sollten wir gerade Sie nehmen?

4. Persönlicher, familiärer und sozialer Hintergrund
- Fragen zu Elternhaus/Geschwister und deren beruflichen Hintergrund, aber auch zur eigenen
  Kindheit *Wie war es bei Ihnen zu Hause . . .*
- Ähnliche Fragen zu Ehe bzw. Lebenspartner (wie lange verheiratet/getrennt etc.) – Kinder
  (mit näheren Angaben)
- Wie steht Ihre Frau/Mann/Familie zu Ihren beruflichen Plänen, zu Ihrem Beruf allgemein,
  zu Arbeitszeiten, Problematischem wie z. B. Umzug etc.?
- Fragen zu Freizeitverhalten/Hobbys
- außerberufliche Interessen/Aktivitäten/Engagement (Politik, Gewerkschaft, Kirche)
- Finanzielle Verhältnisse (Nebentätigkeiten, Abzahlungsverpflichtungen, Vermögen; *Sind Sie
  finanziell (un)abhängig?)*
- Möglicherweise: Fragen zu Vorstrafen/Ermittlungsverfahren

5. Gesundheit
- Krankheiten (chronisch/aktuell)
- Gesundheitliche Einschränkungen mit beruflicher Konsequenz
- Krankenhausaufenthalte
- Unfälle
- Schwangerschaft

6. Fachliches (Test-)Gespräch
(Hintergrund: Versuch der Kompetenzüberprüfung bis hin zum direkten *Aushorchen*, wie Branchenprobleme am bisherigen Arbeitsplatz gehandhabt wurde; fließende Übergänge zum Mini-Assessment-Center)

7. Informationen für den Bewerber

8. Bezahlung
 – Bisheriges Gehalt
 – Gehaltsvorstellungen (Entwicklungen)
 – Nebenleistungen

9. Fragen des Bewerbers
10. Abschluß des Gesprächs und Verabschiedung

Gehen Sie die Phasen Punkt für Punkt durch und überlegen Sie zusammen mit Ihren Mitbewerbern aus der Gruppe, wie Sie auf die Fragen oder die an Sie gestellten Anforderungen reagieren würden.
Vor allem in den Phasen 4 und 5 müssen Sie mit sogenannten gemeinen Fragen rechnen. Diese zielen darauf ab, in Ihre Intimsphäre einzudringen. Z.B. wird bei Frauen die Frage „Sind Sie z.Z. schwanger?" gerne verwendet.
Da solche Fragen per Gesetz verboten sind, sollten Sie diese Fragen entschieden zurückweisen. Oder Sie greifen in solchen Fällen auf Ihr Recht, Notlügen zu gebrauchen, zurück.

INFORMATIONSBLATT FÜR ALLE PERSONALCHEFS

Sehen Sie noch einmal den Aufbau des Vorstellungsgesprächs an (Seite 138).

Gehen Sie die Phasen Punkt für Punkt durch und überlegen Sie zusammen mit den anderen Personalchefs, welche Fragen Sie den Bewerbern/ Bewerberinnen stellen würden.

Damit Sie sich ein besseres Bild von der Persönlichkeit der Bewerber/ Bewerberinnen machen können, sollten Sie ruhig ab und zu, an passender Stelle sogenannte trickreiche Fragen stellen, z.B.

● *Warum glauben Sie, daß gerade Sie für diesen von uns angebotenen Job geeignet sind?*

● *Wenn man Sie auffordert, ein Urteil über sich selbst abzugeben, wie würden Sie sich beschreiben?*

● *Und wie, glauben Sie, schätzen andere Menschen Sie ein?*

● *Was tun Sie, wenn Ihr Chef Ihre Vorschläge immer wieder nachdrücklich ablehnt?*

Vielleicht fallen Ihnen ja noch mehr trickreiche Fragen ein.

Nachdem Sie sich hinreichend auf Ihre Rolle vorbereitet haben, können Sie das Vorstellungsgespräch durchspielen.
Nehmen Sie sich Zeit und übergehen Sie möglichst keine Phase des Bewerbungsgesprächs.
Nach Verabschiedung des Kandidaten/der Kandidatin sollten die beiden

Personalchefs sich überlegen, welchem/r von den interviewten Bewerbern/Bewerberinnen sie die Stelle anbieten würden.

Sie sollten keine Rücksicht nehmen, daß es sich hier ja um Ihre Kollegen und Kolleginnen handelt, sondern rigoros im Interesse „Ihres" Unternehmens denken.

In der Gesamtgruppe tragen dann alle Personalchefs ihre Entscheidungen vor und geben ebenfalls eine Begründung dafür, warum sie die Bewerber/Bewerberinnen einstellen bzw. nicht einstellen würden.

Vielleicht gelingt es Ihnen, ein paar Verhaltensregeln für eine Stellenbewerberin/einen Stellenbewerber zu entdecken, aber denken Sie daran, daß Unternehmen so unterschiedlich sind wie die Personen, die sie einstellen. Manche mögen gerne kritische Mitarbeiter/Mitarbeiterinnen, manche lehnen solche Bewerber ab, je nachdem welcher Führungsstil im Unternehmen herrscht und welcher Firmenphilosophie gefolgt wird.

Testverfahren

In dem Text zum Ablauf eines Vorstellungsgesprächs taucht unter Punkt 6 „Fachliches (Test-)Gespräch" der Begriff Assessment Centre (ACT) auf. Was bedeutet das?
Lesen Sie dazu bitte folgenden Text:

ASSESSMENT-CENTER-TESTS (ACT)

Ein Bewerber berichtet:

Zu sechst waren wir in einer Höhle eingeschlossen. Das Wasser stieg unaufhaltsam, nur einer von uns konnte gerettet werden. Man gab uns 30 Minuten, um zu entscheiden, wer der Glückliche sein sollte. Als die Gruppe sich schließlich auf den Jüngsten geeinigt hatte, zog ich meine – natürlich nur in der Phantasie existierende – Pistole und erzwang mir den Weg in den Rettungskorb. Der Personalpsychologe beendete mit einer knappen Handbewegung das aus dem Stand von uns abverlangte Rollenspiel. Mißtrauisch blickten mich meine Mitspieler im Konferenzraum der *Colonia-Versicherung* an: Ob der im wirklichen Leben auch so brutal ist?

Wir waren Bewerber um eine Ausbildung im Außendienst der *Deutschen Ärzteversicherung*, die zur Colonia-Gruppe gehört. Schon beim ersten Auswahlgespräch hatte man uns aufgefordert, an einem neuartigen Eignungstest teilzunehmen: dem *Assessment-Center*. Das Wort war mir bisher noch nie untergekommen.

Begonnen hatte dieser Testtag mit dem *Gebrauchtwagen-Test*: Jeder mußte anonym aufschreiben, wem aus der Gruppe er am ehesten einen Gebrauchtwagen abkaufen würde. Damit sollte getestet werden, wer besonders vertrauenswürdig wirkt. Aus Taktik stimmte ich für jemanden, den ich eher unsympathisch fand.

Später saß ich einem Mitbewerber gegenüber. Ich sollte herausfinden, ob er schon einmal seine Frau betrogen hatte. Mein Mitbewerber durfte nicht merken, worum es in dem Gespräch ging. Ich plauderte mit ihm über Partys und Alkohol. Nach einer Viertelstunde hob ich den Arm: Ich war mir ganz sicher – er hatte seine Frau noch nie betrogen. Er war übrigens überzeugt, daß ich in unserem Gespräch feststellen wollte, ob er ab und zu mal einen über den Durst trinkt.

Mittags gingen wir zum Essen in ein gutes Restaurant. Da saßen wir nun um den Tisch: sechs Bewerber um die 30, ein Personalpsychologe, vier Versicherungsmanager. Drei Gerichte standen zur Auswahl: ein rustikales Steak, eine Geflügelkeule und ein kompliziertes Fischgericht. Ich grübelte: War dies Essen nun vielleicht auch ein Bestandteil des Tests?

In der Testauswertung am späten Nachmittag zeigten sich die Versicherungs-Manager sehr angetan von meinem Verhalten bei Tisch: Als einziger hatte ich Fisch gewählt, keine Gräte war mir im Halse stecken geblieben.

Die Prüfer waren beeindruckt von meiner Durchsetzungsfähigkeit und meinem *Biß*: Doch beide Eigenschaften machten sie mir auch zum Vorwurf: Ich hätte es darauf angelegt, mich um jeden Preis durchzusetzen – sie aber suchten jemand, der auch anpassungsfähig mit Geschäftspartnern umgehen konnte.

Ein Assessment-Centre-Test ist eine Kombination verschiedener Verhaltens- und Arbeitstests und kann sich über einen halben Tag bis über mehrere Tage erstrecken.

Gewöhnlich dauert ein Assessment-Centre-Test zwei Tage, wobei die sechs bis zwölf Teilnehmer/Teilnehmerinnen zwischen acht und zwölf unterschiedliche Übungen bestreiten und dabei von drei bis sechs Personen beobachtet werden.

Es geht bei ACTs um

A. Soziale Prozesse wie

Kooperationsfähigkeit
z.B. Meinungen, Ideen, Vorschläge anderer aufgreifen und weiterführen
sich nicht auf Kosten anderer durchsetzen
anderen in Schwierigkeiten helfen
Erfolgserlebnisse mit anderen teilen
keine Druck- oder Machtmittel einsetzen

Kontaktfähigkeit
z.B. von sich aus auf andere zugehen, ansprechen, beginnen
Ziele, Absichten, Methoden offen für andere darlegen
Beratung, Unterstützung, Mithilfe anbieten
anderen Vertrauen entgegenbringen

Sensibilität
Integrationsvermögen
Selbstkontrolle
Informationsverhalten

B. Systematisches Denken und Handeln wie

abstraktes und analytisches Denken
kombinatorisches Denken
Entscheidungsfähigkeit
Planungs- und Kontrollfähigkeiten
eine persönliche arbeitsorganisatorische Fähigkeit

C. Aktivität wie

Arbeitsmotivation und Arbeitsantrieb
Führungsmotivation und Führungsantrieb
Durchsetzungsvermögen
Selbständigkeit / Unabhängigkeit
Selbstvertrauen

D. Ausdrucksvermögen wie

schriftliche und mündliche Kommunikationsfähigkeit
Flexibilität
überzeugendes Engagement

Rollenspiel

Wir wollen so einen ACT einmal durchspielen.
Teilen Sie sich dazu in zwei Gruppen auf. Jede Gruppe sollte mindestens sechs Bewerber/Bewerberinnen und zwei Beobachter/Beobachterinnen umfassen.
Bitte lesen Sie sich die verschiedenen Rollenkarten für die Bewerber/Bewerberinnen und Beobachter/Beobachterinnen durch.

Rollenkarte Bewerber/ Bewerberin

Lesen Sie sich bitte folgende Liste durch:

1 ein großes Küchenmesser
2 ein Tau (20m lang)
3 eine Flasche Rum
4 ein Gewehr mit Munition
5 ein Bettlaken
6 eine Schere
7 eine Schachtel Streichhölzer
8 ein Paket Milchpulver
9 zehn Zyankali-Kapseln
10 ein Kilo nahrhafte Kekse
11 ein Kompaß
12 ein kleines Zelt
13 eine dicke Decke
14 Getreidesamen
15 Nägel
16 Hammer
17 Axt
18 eine große Tasche aus strapazierfähigem Leinen
19 Kohletabletten
20 100 Teebeutel
21 zwei Kilo getrocknete Früchte
22 zwei Kilo getrocknete Bohnen
23 zwei Kilo Naturreis
24 zwei Kilo Salz
25 ein großer Kochtopf
26 Sonnenschutzcreme mit hohem Sonnenschutzfaktor
27 ein Kanister reines Trinkwasser
28 Chinintabletten
29 Wundsalbe
30 ein Funkgerät

Nun stellen Sie sich vor, Sie sind zusammen mit Ihren Mitbewerbern/ Mitbewerberinnen auf einer einsamen Insel gestrandet.
Bevor Ihr Schiff sinkt, kann Ihre Gruppe noch schnell fünf Gegenstände aussuchen, die Sie mitnehmen können.
Diskutieren Sie in der Gruppe, welche der Gegenstände Sie mitnehmen würden.
Nach 15 Minuten müssen Sie eine Einigung über die fünf Gegenstände erreicht haben.

Rollenkarte Beobachter/ Beobachterin

Ihre Aufgabe ist es, während der Diskussion, die die Bewerberinnen und Bewerber führen, jedes Mitglied der Gruppe genau zu beobachten. Folgende Checkliste soll Ihnen dabei helfen:

Bitte halten Sie auf diesem Beobachtungsbogen fest, was Ihnen am Vortragenden aufgefallen ist:

Sprache

langsam
schnell
zu schnell
genau
richtig
sicher
unsicher
viele Fremdwörter
Fremdwörter fielen nicht auf
oft überflüssige Fremdwörter
kurze Sätze
lange Sätze
zu lange Sätze
wurde Dialekt verwendet? Ja/Nein
Machte der Sprecher Pausen
Sonstiges..........

Gesamtwirkung (Mehrere Nennungen möglich)

konzentriert
nervös
ängstlich
zerfahren
sicher
unsicher
humorvoll
freundlich
ernst
abweisend
ruhig
unruhig
frei
ungezwungen

Das allgemeine Auftreten

— äußeres Erscheinungsbild
— Umgangsformen

Das Verhalten in der Gruppe

— sprachliches Ausdrucksvermögen
— Vertreten und Begründen der eigenen Meinung
— Sachbezogneheit
— Einfallsreichtum
— Analysefähigkeit
— Auffassungsgabe
— Aufnahmebereitschaft
— Engagement
— Aufgeschlossenheit
— aktives und passives Zuhören
— emotionale Stabilität
— stärkere Dominanz- oder Unterordnungsbereitschaft
— Teamgeist/Kooperationsfähigkeit und -bereitschaft

Gesicht

Ist dem Gesicht irgendeine Gemütsbewegung anzusehen und welche?
   Wo blicken die Augen überwiegend hin?
   Blick ins Leere
   Ausweichender Blick
   Augenkontakt zu den Zuhörern?
   Ja / Nein / wenig

Kopfhaltung

gehoben
gesenkt
geneigt

Bewegungen Hände
   still
   bewegt
   unruhig
   frei
   beschäftigt
   gestikulierend

Beine
ruhig
bewegt
frei
gelöst
gekreuzt
unruhig

Körper
ruhig
unruhig
bewegt
steif

Achten Sie bitte auch darauf, daß die Diskussion nach 15 Minuten beendet wird.

Beginnen Sie nun mit der Diskussion und der Beobachtung.

Nach Beendigung der Diskussion berichten die Beobachter/ Beobachterinnen über ihre Eindrücke.

In Anlehnung an die Punkte, die in dem Artikel über ACTs erwähnt werden (vgl. Seite 140), analysieren Sie dann das Verhalten jeder(s) einzelnen Bewerberin/Bewerbers.

Schriftliche Aufgabe

Stellen Sie sich vor, eine Freundin/ein Freund möchte von Ihnen wissen, welche Erfahrungen Sie beim ACT gemacht haben.

Schreiben Sie einen Bericht über den Ablauf des durchgeführten ACTs und wie Sie sich dabei gefühlt haben.

Berichten Sie auch darüber, wie man Ihr Verhalten in der Gruppe gefunden hat, und geben Sie Ihre Einschätzung darüber ab, ob Ihr Verhalten seitens des Unternehmens positiv oder negativ bewertet worden wäre.

Können Sie sich noch an den Fall des jungen Bewerbers ganz zu Anfang unserer Lektion erinnern?

Bis jetzt war ja unklar geblieben, aus welchem Grund die Firma ihn nicht genommen hatte.

Nachdem Sie soviel über Bewerberauswahlverfahren gelernt haben, können Sie jetzt vielleicht einen Grund angeben.

Wenn nicht, hier ist die Lösung:

> Aber einem Personalberater, der eng mit dem Unternehmen zusammenarbeitet, vertraute der Personalchef an: „Wissen Sie, der junge Mann war wirklich gut und wir hätten in ihm wahrscheinlich eine gute Führungsnachwuchskraft gehabt. Da waren aber ein paar Kleinigkeiten, die paßten einfach nicht in unser Haus. Diese teure Armbanduhr allein hätte ja kaum gestört. Aber was hätten meine Abteilungsleiter gesagt, wenn da plötzlich ein Trainee mit einem Wagen vorfährt, von dem sie selbst seit Jahren träumen?" rch

- *Hätten Sie es gewußt?*

- *Was sagen Sie nun?*